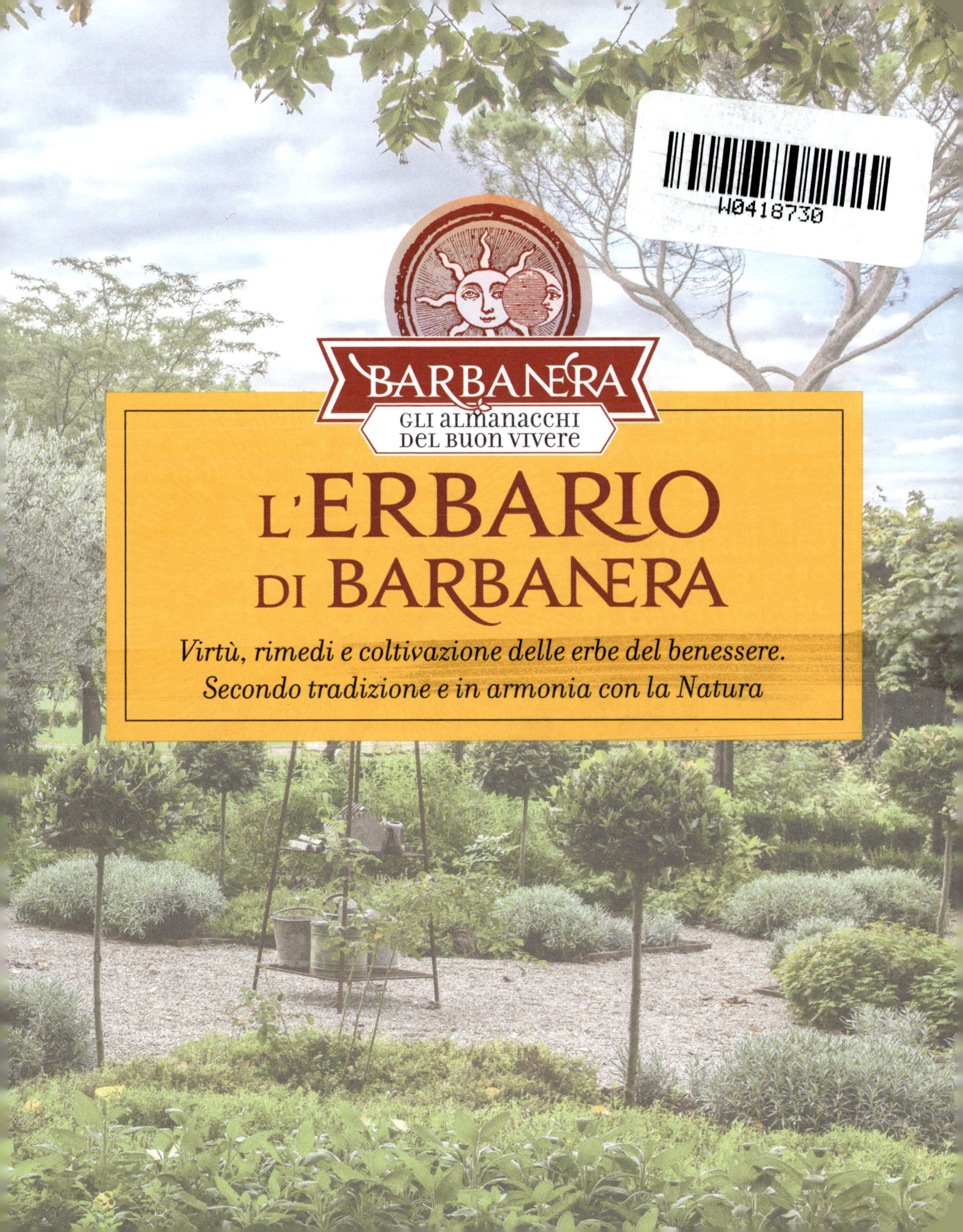

BARBANERA

GLI ALMANACCHI DEL BUON VIVERE

L'ERBARIO DI BARBANERA

Virtù, rimedi e coltivazione delle erbe del benessere. Secondo tradizione e in armonia con la Natura

L'Erbario di Barbanera

Una guida pratica, tanti consigli e rimedi per utilizzare al meglio le erbe aromatiche e officinali. Conoscerne le virtù, imparare a coltivarle e conservarle, utilizzarle per il nostro benessere, per i trattamenti di bellezza, in cucina e in casa. Seguendo, con Barbanera, il buon "saper fare" della natura e della tradizione.

Sommario

coltivare, raccogliere, conservare le erbe

La Natura. Bellezza e salute interiore

Dialogare con la natura, trarne insegnamento, conoscerne le virtù, è sapere che scorre da sempre nelle pagine degli almanacchi Barbanera. Ma in questo Erbario, dove la natura dona erbe utili e salutari, abbiamo voluto affidare le parole di apertura ad un filosofo del nostro tempo, Duccio Demetrio, che dell'uomo e della natura molto sa. Anche perché sua è una nuova "scienza", l'Ecologia narrativa, racconto di sé, di ognuno, nell'antico rapporto con Madre Terra.

Fonte di vita e benessere, la natura ci nutre, ci offre quanto necessario oltre che alla sopravvivenza, alla salute del corpo e ai piaceri della vita. Ma i benefici non sono soltanto materiali. **Ci sentiamo più sereni, felici, entusiasti quando grazie alle sue manifestazioni, anche i bisogni intellettuali e spirituali trovano una risposta impareggiabile.** *Talvolta, l'occuparsi di fiori e piante, la passione per l'orto, il vivere in campagna sono esperienze dal potere terapeutico. Fin dagli albori della coscienza umana, la natura è stata la causa prima di ogni ispirazione creativa. Poi quando il linguaggio si fece più evoluto, fu grazie alle sue meraviglie che le parole iniziarono a raccontarla, creando poesia, canto, narrazioni mitologiche. E la scienza prese ad indagarne aspetti e cause. La nostra intelligenza, sviluppatasi per esigenze pratiche, prese ad interrogare i fenomeni della terra o del cielo per cercarvi risposte poi affidate alla religione e alla filosofia. Scoprimmo così che le sue manifestazioni ci procurano benessere al solo ricordarle e contemplarle.* **Ancor oggi, quando rievochiamo gli incantati momenti dell'infanzia a contatto con le sue attrattive, pacificanti o inquietanti, quando riscopriamo la magia di un giardino, di un prato, di un bosco, avvertiamo emozioni ineguagliabili.** *Ci commuoviamo e ci sentiamo meglio. Quando scriviamo una poesia d'amore ispirati dal vento o di fronte ad un paesaggio stupefacente, un'armonia intima, struggente, misteriosa ci prende, svelandoci l'ineguagliabile potere di cura spirituale della natura.*

Un erbario per raccontare e raccontarsi

Le erbe della salute sono innumerevoli e antichissima è la farmacopea vegetale. **Distillata negli erbari del passato o di oggi, propone da secoli rimedi per la salute, consigli di bellezza, indicazioni per la longevità.** *E poi c'è la tintura dei tessuti, i pigmenti per la pittura, o le "aromatiche" preziose in cucina. Qualche foglia, un rametto, danno ai cibi sapidità, gusto e qualità tali – aperitive, digestive, stimolanti –, da indurci, anche solo nello spazio di un balcone, ad avere sempre a portata di mano rosmarino, qualche piantina di maggiorana, salvia, finocchio selvatico, timo serpillo.* **Ma le erbe sono capaci anche di altro, di pura bellezza quando le si incontrano dove crescono o dove le coltiviamo.** *Potremmo allora realizzare un nostro personale erbario affidandoci ai consigli di Barbanera e di questo suo Erbario. Saremo noi, in prima persona, ad erborizzare nelle diverse stagioni, a coltivare, raccogliere, utilizzare, rendendo unica questa esperienza attraverso foto, scrittura, matite colorate. Ogni fiore o erba diverrà l'occasione per narrare qualcosa di loro e di noi, un erbario autobiografico!* **Anche questo significa prendersi cura della natura.** *L'avremo reso più ricco e affascinante grazie al nostro raccontarci, includendo nei ricordi da risfogliare quanto avremo collezionato in giardino, o strada facendo in campagna, lungo i bordi di un ruscello, tra le rocce in montagna, tra le dune a pochi passi dal mare.*

CHI È, COSA FA: DUCCIO DEMETRIO

Duccio Demetrio, dopo essere stato professore ordinario di Filosofia dell'Educazione e della Narrazione all'Università Milano-Bicocca, oggi si dedica alla Libera Università dell'Autobiografia di Anghiari (Ar) e di Accademia del silenzio, due comunità di scrittura da lui fondate. Saggista e scrittore, ha pubblicato fra gli altri: *Di che giardino sei?*, *Filosofia del camminare*, *I sensi del silenzio*, *La religiosità della terra*, *Green autobiography*. Ad Anghiari ha idcato la Scuola di Ecologia narrativa in collaborazione con gli amici di Barbanera.

I "SEMPLICI" DI BARBANERA

"L'orto è la farmacia di casa", ci ricorda la tradizione. Un modo di dire che in queste pagine diventa anche modo di fare. Cominciando dall'arte di "confezionare" in casa con i "semplici" – come un tempo si chiamavano le erbe officinali –, rimedi e preparati, buoni, salutari e in armonia con la natura.

TISANE, DECOTTI E ALTRO ANCORA

Gli strumenti, i metodi di preparazione, i modi di somministrazione e di conservazione. Tutte le indicazioni per imparare a preparare in casa i rimedi naturali con le erbe.

"La terra è benigna, mite, amorevole, sempre pronta a servire gli uomini; coltivata, quante cose produce, quante ne dona spontaneamente, quanti profumi e sapori e succhi ed effetti e colori ci offre; con quanta lealtà ci restituisce i tesori che le affidiamo; quante cose fa crescere per nostro uso!"

Così, nel I secolo d.C. nella sua *Naturalis Historia*, Plinio il Vecchio parla della generosità di una natura i cui frutti sono da sempre fonte di benessere, salute e sostentamento per l'umanità. Tra questi ovviamente piante ed erbe officinali delle quali l'uomo ha imparato a servirsi sfruttandone i principi attivi, quali zuccheri, amidi, grassi, proteine, vitamine e minerali. Nasce così la fitoterapia, ovvero la scienza che utilizza a scopo terapeutico le parti della pianta dove quei principi si trovano. Tisane, decotti, macerati, cataplasmi e impacchi sono solo alcuni dei tanti preparati fitoterapici a cui si può ricorrere per piccoli disturbi della salute. È fondamentale però che la semplicità non ci tragga in inganno: rischi e controindicazioni esistono, e per questo sono necessari una buona conoscenza delle piante e il consiglio di esperti anche per le patologie minori.

PAROLE CELEBRI

Così poetava la famosa Maria Luisa Spaziani in una sua opera, **L'occhio del ciclone**, 1970

[*Mi scrive il Barbanera da Foligno / che ogni ferita in terra ha la sua pianta / capace di guarirla, e che ogni male / così rientra nella sinfonia / del dare e dell'avere, vita e morte / danzanti insieme come due libellule.*]

Gli strumenti necessari

Ricorrere alla fitoterapia significa anche imparare a preparare, in modo semplice e naturale, rimedi a base di erbe. Esistono certo preparati che richiedono attrezzature specifiche e personale qualificato, ma è vero anche che per molte ricette si adattano benissimo gli utensili da cucina di uso quotidiano, basta solo osservare qualche piccola accortezza. Per tisane, decotti e macerati si dovranno ad esempio utilizzare contenitori di vetro o porcellana da fuoco, acciaio smaltato purché integro, o acciaio inossidabile, ovviamente dotati di coperchio per ridurre al minimo la perdita di sostanze volatili. Sono da escludere recipienti di ferro e di rame non stagnato e quelli di plastica. Per filtrare andranno bene sia un colino a maglie fitte che una pezzuola di tela di cotone bianca. Per la conservazione del preparato la cosa migliore è una bottiglia di vetro scuro.

Per le quantità delle erbe o droghe, termine con il quale vengono indicate le parti della pianta utilizzate, si userà una normale bilancia, meglio un bilancino da farmacista, mentre per i liquidi ci si può servire dei comuni recipienti graduati, oppure di cucchiai, bicchieri, tazze e simili.

UNITÀ DI MISURA. TABELLA DI CORRISPONDENZE

1 cucchiaino	corrisponde a	5 ml, 5g di acqua, 6,5 g di sciroppo, 4,5 g di olio, 3 g di pianta
1 cucchiaio	corrisponde a	15 ml, 15 g di acqua, 20 g di sciroppo, 3,5 g di olio, 10 g di pianta
1 bicchierino da liquore	corrisponde a	30 ml, 30 g
1 bicchiere normale	corrisponde a	150 ml, 150 g
1 tazzina	corrisponde a	50 ml, 50 g
1 tazza	corrisponde a	100 ml, 100 g
500 g di acqua	corrisponde a	500 ml
1000 g di acqua	corrisponde a	1 litro

rimedi da fare in casa

Un elenco dei preparati più diffusi di cui scoprire modalità, metodi, tempi e avvertenze utili alla migliore preparazione.

INFUSO

È un estratto che si ottiene utilizzando foglie, fiori e gambi di erbe, contenenti sostanze medicamentose e principi attivi che si liberano grazie all'azione combinata di acqua e calore. Si prepara versando acqua bollente sulla pianta e lasciando in infusione per un tempo medio di 10 minuti. Quindi si filtra per mezzo di un colino a maglie larghe o una tela pulita. L'infuso va consumato tiepido, da solo, o dolcificato con miele e conservato al fresco, ma mai oltre le 24 ore. Se nella preparazione si usano droghe fresche, si devono raddoppiare le quantità rispetto alla droga secca.

versare dell'acqua bollente sopra le erbe

lasciare riposare per circa 10 minuti

filtrare e dolcificare con miele

Il decotto

sminuzzare le erbe

Le droghe non aromatiche, che contengono principi stabili al calore, come radici, cortecce, semi e quelle non facilmente penetrabili dall'acqua calda, si utilizzano in decotto. Si prepara versando la droga sminuzzata nell'acqua bollente, coprendo il recipiente e continuando la bollitura secondo il tempo consigliato per ogni erba: di norma da 5 a 20 minuti. Si filtra attraverso un colino o una tela pulita. È possibile aggiungere piccole quantità di acqua per compensare la perdita dovuta all'evaporazione. Versando la droga quando l'acqua è ancora fredda, si ottiene una preparazione più concentrata. Consumare entro le 24 ore.

versare le erbe in acqua bollente

filtrare con un colino

IN SALT

MACERATO

Si prepara versando un solvente (acqua, vino, aceto, alcol, etere, olio) a temperatura ambiente sulla pianta. Si lascia macerare per un periodo che va da 1 a 30 giorni, a seconda delle specie usate, agitando quotidianamente il contenitore. Si filtra quindi il preparato con colini o garze, e si conserva al buio e al fresco in recipienti di vetro ben chiusi. Se il macerato è in acqua, va bevuto entro le 24 ore, mentre se in olio, alcol e derivati, avrà una durata che varia da 1 a 6 mesi, a seconda del liquido utilizzato.

lasciar macerare le erbe — *filtrare e tenere al buio*

LO SCIROPPO

Si prepara aggiungendo a un infuso, decotto, macerato o altro preparato, lo sciroppo semplice (la quantità varia a seconda della ricetta). Quest'ultimo si ottiene unendo a 100 parti d'acqua (es. 100 g), 190 parti di zucchero (es. 190 g) e scaldando il composto fino a quando lo zucchero non sarà sciolto. Quindi si filtra utilizzando delle garze. Se al posto dello zucchero si usa il miele, si ha il mellito.

unire lo zucchero all'acqua — *scaldare il composto per farlo amalgamare meglio* — *filtrare*

LA SPREMITURA

Si usa per estrarre sali, essenze, oli, resine, gomme e succo. Dopo aver pestato la pianta fresca in un mortaio, la si pone in un sacchetto di tela che verrà sistemato tra due assicelle di legno. Comprimendo poi le due assicelle, si otterrà un succo che verrà successivamente filtrato. Quanto alle parti dure della pianta, è necessario grattugiarle prima di sottoporle al processo di spremitura.

L'OLEOLITO

Si ottiene facendo macerare a freddo la pianta in olio d'oliva o scaldando a bagnomaria per qualche ora il composto di erbe e olio, che verrà filtrato attraverso un colino o una garza spremendo bene. Va conservato in recipienti di vetro al fresco e al buio.

far macerare in olio l'erba

scaldare a bagnomaria

LA TINTURA VINOSA

Si mettono le droghe a macerare in vini di buona gradazione alcolica, rispettivamente nella proporzione di 1 a 20. La macerazione dura da 5 a 15 giorni, a seconda della droga. Filtrare e conservare in bottiglie di vetro scuro ben chiuse. Si consuma di norma a cucchiai o bicchierini prima o dopo i pasti.

Le tisane

Sebbene l'uso comune le abbia identificate con un preparato specifico, sono in realtà ogni preparato che utilizzi l'acqua come solvente, ovvero come veicolo per estrarre i principi attivi della pianta: decotti, infusi e macerati sono tisane. In assenza di specifiche indicazioni, si assumono:

AL MATTINO A DIGIUNO *le tisane depurative, lassative, diuretiche, vermifughe, decongestionanti dello stomaco e dell'intestino.*

VENTI MINUTI PRIMA DEI PASTI le tisane dimagranti, ricostituenti, antiacide e rimineralizzanti.

PRIMA O DOPO I PASTI *le tisane per il fegato, antireumatiche, antisettiche, antigottose, cardiotoniche, anticatarrali e quelle che regolano il flusso mestruale.*

DOPO I PASTI PRINCIPALI le tisane digestive, sedative, antiacide, antifermentative e quelle utili per i gas intestinali.

PRIMA DI ANDARE A DORMIRE *le tisane sedative, lassative, cardiotoniche e quelle per la circolazione sanguigna.*

Pomata o unguento

Si prepara unendo sostanze medicamentose ad eccipienti grassi (lanolina o vasellina o olio di mandorle), di consistenza molle.

LE BUONE ERBE DEL BENESSERE

Un pratico dizionario in ordine alfabetico con 45 erbe tra le più diffuse e benefiche. Imparare a conoscerle e ad utilizzarle, scoprirne storie e curiosità, usi e virtù salutari. Come e cosa farne per trattare in modo naturale i più diversi disturbi, con piccoli segreti anche di bellezza.

FAMIGLIA Liliacee
HABITAT Europa meridionale
ALTITUDINE Fino a 1500 m

aGLIO

Allium sativum

Inconfondibile per le alte foglie verdi lanceolate, che sulla cima diventano ricadenti, l'aglio ha un bulbo interrato, composto di turgidi spicchi bianchi e umorosi che ne costruiscono la sfericità. Il suo odore è acuto e aggressivo, caustico e penetrante e, per ovviare all'inconveniente, gli Orientali, gran consumatori di aglio, masticano a fine pasto semi di cardamomo. **Inoltre...** *Sacro presso gli antichi Egizi, l'aglio, proprio per le sue virtù salutari e di forte prevenzione, fu il cibo destinato agli schiavi impegnati nella costruzione delle grandi piramidi. Fu poi Plinio il Vecchio a scrivere nel I secolo d.C. che l'aglio aveva il potere di proteggere dalla follia e allontanare i serpenti.*

Le virtù

Prevenzione e cura ne sono la storia. Battericida, vermifugo, antisettico, febbrifugo, nell'uso interno è efficace anche per vie respiratorie, organi digestivi e circolazione. Nell'uso esterno, reumatismi, ascessi, calli e verruche hanno vita breve. La sua energia innesca una mutazione veloce e inaspettata. In floriterapia viene usato poiché libera da paure e insicurezze, da ansia e angoscia, che minano la capacità di agire e reagire indebolendo volontà e vitalità.

“ Per liberarmi da questa tortura...
grillo, cantami un inno che dissolva l'amore.
Ed in premio avrai, mattutini miei doni,
un pippolo d'aglio sempreverde e
uno spruzzo di rugiadose stille. ”

Meleagro, *Il grillo canterino*

ALTRI USI IN CASA

Un amico utile

Piantato sotto un pesco, diminuisce le probabilità dell'insorgenza di bolle su frutti, foglie e tronco. Trattando i bulbi dei gladioli con un concime a base di aglio, se ne anticipa la fioritura. Questa pianta bulbosa deve essere conservata in luogo arioso e fresco. Il suo aroma viene esaltato strofinandone uno spicchio su una fetta appena tostata di pane cosparsa d'olio extravergine d'oliva.

Erbe e benessere

• TINTURA PER LA BRONCHITE

25 g di aglio, 100 g di alcol a 95°.

Lasciare l'aglio al macero nell'alcol per 10 giorni. Diluire 40 gocce di tintura in ½ bicchiere d'acqua. Bere il preparato tutte le mattine a digiuno servirà a curare la bronchite cronica, a calmare la tosse e ad espellere il catarro.

• ACETO DISINFETTANTE

25 spicchi di aglio, 1 l di aceto.

Versare l'aceto bollente sugli spicchi di aglio schiacciati e lasciare in infusione per 30 minuti in un vaso chiuso. Filtrare il composto e utilizzarlo per disinfettare le ferite.

COLTIVIAMOLO COSÌ

La semina avviene a nord da gennaio a marzo, a sud in autunno, su un terreno leggero, lavorato, umido, ben drenato e concimato, in posizione soleggiata. Si effettua sotterrando, senza spingerli, i singoli spicchi, a file distanti 40 cm. In vaso, il terriccio deve essere ben concimato: 3 i bulbilli da interrare in un contenitore di 30 cm di diametro.

Raccolta e conservazione *Estratti delicatamente da maggio ad agosto, quando steli e foglie ingialliscono, si essiccano e si conservano ripuliti in luogo asciutto. Vanno appesi, annodati in trecce oppure posti in reticelle o in cassette di legno, come pure in vasi di terracotta.*

Famiglia Rosacee
Habitat Europa meridionale e regioni a clima temperato
Altitudine Fino a 1000 m

“ Questa (h)erba à molte virtù. ... portandola addosso, starà sempre lieto et allegro. ”

Biblioteca Mediceo-Laurenziana,
Manoscritto Redi 168, sec. XVI

agrimonia

Agrimonia eupatoria

Già nota nell'antico Egitto, l'agrimonia era apprezzata come cicatrizzante per le ferite e i morsi dei serpenti. Il suo nome scientifico, *Agrimonia eupatoria*, per molti autori deriva rispettivamente dal greco *árgemon*, "leucoma dell'occhio", perché nell'antichità si pensava che fosse una pianta salutare per gli occhi, e da *eupatoria* che rimanda al re del Ponto Mitridate VI Eupatore Dioniso (111-63 a.C.), rinomato erborista, che diede il nome alla specie dopo averla usata con successo come farmaco. La si incontra d'estate, nei luoghi soleggiati, con il suo stelo alto, sempre un poco inclinato. Su questo, minuti fiorellini di un bel giallo, e poi in basso appaiono le belle foglie dentate e disposte ordinatamente.
Inoltre... *Forse per le sue molteplici qualità nel campo medico e non solo, l'agrimonia, che veniva utilizzata anche per produrre un tipo di birra dal sapore aspro, è considerata il simbolo della gratitudine.*

Le virtù

Sovrana nelle cure del fegato, nelle infiammazioni dell'apparato urinario e del cavo orale, antireumatica, anticatarrale, e decongestionante, l'agrimonia si presta a numerosi usi interni. Altrettanto vari sono gli usi esterni che prevedono in particolare bagni, infusi e gargarismi destinati a occhi, gola e contusioni varie.

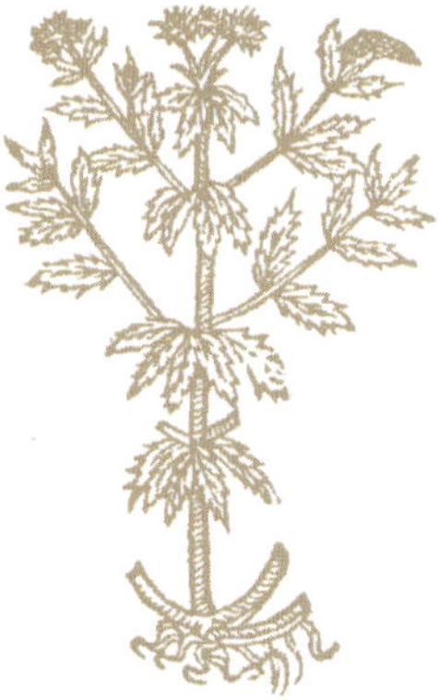

ALTRI USI IN CASA

Tenere foglie in insalata

Un'insalata fresca e saporita può essere preparata con le tenere foglie di agrimonia, insieme a pimpinella, malva, foglie di piantaggine e di valerianella (accompagnate eventualmente da barbabietola o sedano), cubetti di formaggio, fiori di borragine, primula e viola. Condire con olio extravergine d'oliva e limone o con olio e yogurt.

Erbe e *benessere*

• DECOTTO PER IL MAL DI GOLA

20 g di foglie di agrimonia, 1 l di acqua, 50 g di miele rosato.

Bollire le foglie di agrimonia nell'acqua fino a ridurre il liquido di un terzo. Filtrare il preparato e quando è ancora tiepido aggiungere il miele rosato. Utilizzare il decotto cinque volte al giorno per gargarismi. La gola infiammata ne trarrà giovamento.

• INFUSO ANTIREUMATICO

30 g di fiori di agrimonia, 500 g di acqua.

Versare le sommità fiorite di agrimonia nell'acqua bollente e lasciarle in infusione per 5 minuti. Filtrare e consumare l'infuso a tazzine tre volte al giorno, lontano dai pasti. La sua azione antinfiammatoria dà sollievo alle articolazioni affette da reumatismo o artrite.

COLTIVIAMOLA COSÌ

La semina si effettua in aprile-maggio, in un terreno ben drenato e in posizione soleggiata. La pianta tollera anche terreni asciutti e alcalini, ma non bisogna mai farle mancare l'acqua fino al momento dell'avvenuta germinazione.

Raccolta e conservazione *Le foglie si raccolgono in giugno-luglio, nell'imminenza della fioritura, i fiori in luglio-agosto, tagliando la spiga al di sotto dei fiori. Entrambi si faranno essiccare in un luogo ombroso e aerato, e poi si conserveranno in barattoli di vetro. È possibile anche la coltivazione in vaso.*

Famiglia Lauracee
Habitat Regioni mediterranee e aree temperate del Nord Italia
Altitudine Fino a 800 m

alloro

Laurus nobilis

Il *Laurus nobilis* è strettamente legato, nella tradizione occidentale, all'incarnazione del Sole, Apollo. La leggenda narra che il dio del Sole si innamorò perdutamente della ninfa Dafne, figlia di Ladone, dio fluviale. Un giorno Dafne, per sfuggire alle offerte amorose di Apollo, implorò il padre di "cambiarle" forma. Fu così che rami spuntarono dalle sue mani, foglie dai suoi capelli, mentre il piede si abbarbicava al terreno. E Apollo, dio della luce solare, della musica, della poesia, poté abbracciare desolato solo un albero, l'alloro.

Inoltre... *Anticamente si riteneva che sistemare un rametto di alloro tra gli oggetti personali avrebbe tenuto lontani gli insetti. Per le sue foglie sempreverdi, la pianta da sempre rappresenta il trionfo della vita eterna sulla caducità. In epoca romana divenne il simbolo della vittoria.*

Le virtù

Le proprietà terapeutiche dell'alloro sono note fin dai tempi più antichi. La fitoterapia riconosce la sua efficacia nell'uso interno, per i disturbi intestinali, l'insonnia, le malattie da raffreddamento. Nell'uso esterno, per dolori articolari, reumatismi, otiti, infezioni del cavo orale e contro punture di insetti. Nell'ambito della floriterapia, lo si ritiene efficace per coloro che attraversano un periodo di prostrazione, a causa di eventi che non dipendono dalla loro volontà.

"... volevano che il corpo dormisse sicuro da orsi, da vipere nere, e molto sacro alloro e molto mirto mi fosse sopra raccolto..."

Giovanni Pascoli, *Nebbia*

ALTRI USI IN CASA

D'obbligo con l'arrosto

L'alloro è il re dei bouquet di spezie che costituiscono la base per ogni piatto di carne che si rispetti. La sua fragranza lo rende difatti adatto ad arricchire carni bianche o rosse, sia combinato con altre spezie che legato a mazzetti ed usato per cospargere d'olio i vari arrosti.

Erbe e benessere

• INFUSO PER L'INFLUENZA

5 g di foglie di alloro, 100 g di acqua.
Mettere in infusione le foglie di alloro nell'acqua bollente e lasciarle riposare per 10 minuti. Filtrare e bere l'infuso a sorsi durante la giornata lontano dai pasti. L'effetto sudorifero della pianta favorirà la risoluzione dell'influenza e del raffreddore.

• INFUSO PER DOLORI MUSCOLARI

2-3 foglie di alloro, 250 g di acqua.
Versare le foglie d'alloro nell'acqua bollente, lasciarle in infusione per 10 minuti, infine filtrare. L'infuso, preso lontano dai pasti, nella dose di due o tre tazzine al giorno, servirà a combattere debolezza e inappetenza.

COLTIVIAMOLO COSÌ

L'alloro preferisce un terreno ben drenato e piuttosto arido. Si riproduce per talea, in luglio-agosto, oppure trapiantando, in marzo, dei piccoli arbusti di vivaio. Va irrigato con cura, evitando però il ristagno dell'acqua. La potatura si effettua in marzo-aprile. Può essere coltivato anche in terrazzo, all'ombra, usando terriccio ricco di sostanza organica, ma durante l'inverno andrà tenuto al coperto.

Raccolta e conservazione *Le foglie si raccolgono tutto l'anno e si essiccano al buio, i frutti (bacche) si raccolgono in ottobre-novembre.*

FAMIGLIA Ombrellifere
HABITAT Europa centrale e orientale e zone alpine italiane
ALTITUDINE Da 500 a 1600 m

> "Dico adunque che l'Angelica... produce nella sommità del fusto una ombrella con bianchi fiori: da cui nasce il seme schiacciato, e sottile."
>
> Pietro Andrea Matthioli, *I Discorsi*

angelica

Angelica archangelica

L'angelica, pianta che emana un forte profumo di muschio, veniva considerata nel Medioevo miracolosa. Era una delle poche erbe che non compariva nelle pozioni magiche delle streghe. Per questo la sua presenza nel giardino o nella casa di una donna rappresentava una difesa contro le accuse di stregoneria. Secondo una leggenda, nel 1665, quando in Europa imperversava la peste, un monaco sognò l'arcangelo Gabriele che gli indicava nella pianta dell'angelica il rimedio contro la terribile epidemia.

Inoltre... *Le foglie venivano bruciate in epoca rinascimentale per profumare e depurare ogni tipo di ambiente. Se sistemate in luoghi chiusi, o all'interno dell'automobile, purificano l'aria e sono un ottimo rimedio contro il mal d'auto.*

Le virtù

La fitoterapia sostiene che "serve a tenere la persona lietamente" e infatti non ci sono convalescenti che non ne traggano benefici. Ma è anche espettorante, depurativa, digestiva e antinfiammatoria. Come rimedio esterno agisce invece sulla pelle, sui capelli e sui reumatismi. Per la floriterapia, favorisce la crescita spirituale e lo sviluppo della coscienza.

Avvertenze

In natura la pianta ha un aspetto simile alla velenosa cicuta. Da non raccogliere dunque senza la necessaria perizia.

ALTRI USI IN CASA

Si accompagna con menta e maionese

Le foglie di angelica, tritate insieme allo stelo, conferiscono a diversi tipi di superalcolici, gin e vermouth in particolare, un gusto più deciso. Per gustarne appieno il sapore, invece, si può preparare un composto a base di foglie fresche di angelica e menta tritate insieme, ed emulsionate con della maionese fatta in casa.

Erbe e benessere

• VINO PER EMICRANIE

50 g di radice di angelica, 1 l di vino bianco secco.
Versare nel vino le radici triturate di angelica e farle macerare 15 giorni, agitando una volta al giorno. Filtrare il preparato e conservarlo in una bottiglia di vetro scuro. Per alleviare l'emicrania dovuta a tensione nervosa, sarà utile berne un bicchierino da liquore dopo i pasti.

• OLIO PER MASSAGGI

10 gocce di olio essenziale di angelica, 25 g di olio di mandorle o di girasole.
Diluire le gocce di angelica nell'olio di mandorle o girasole. Frizionare con poche gocce le parti del corpo doloranti per reumatismi o dolori muscolari, con compresse imbevute del liquido. Le proprietà della pianta aiutano a calmare crampi e dolori ai muscoli.

COLTIVIAMOLA COSÌ

L'angelica richiede terreni freschi, leggeri e non troppo argillosi, ombrosi e arricchiti di concime maturo. Si semina in giugno-luglio, garantendo sempre umidità anche dopo la germinazione ed eliminando le infestanti. Se si vuole coltivare la pianta in vaso – tenendo presente che può raggiungere i 2 m – si può seminare in aprile, in terriccio concimato, annaffiando spesso.
Raccolta e conservazione *Al secondo anno d'età, si può raccogliere tutta la pianta: le foglie in aprile, i frutti in luglio-agosto, la radice in ottobre-novembre.*

FAMIGLIA Asteracee
HABITAT Zona mediterranea e aree a clima temperato d'Italia e d'Europa
ALTITUDINE Fino a 1100 m

"Queste non sono altro che lappole, gettate su di te nella spensierata vacanza..."

William Shakespeare, *Come vi piace*

Bardana

Arctium lappa

Di colore rosa-rosso porpora, stretti da anelli di foglie uncinate, i fiori della bardana, o lappola, fanno assumere alla pianta una forma conico-piramidale di grande originalità, a cui contribuiscono anche le foglie, larghe alla base ma strette verso il fusto ramoso e ruvido. Nell'antica medicina popolare la pianta era usata come antidoto contro i morsi dei serpenti velenosi e dei cani affetti da rabbia: una virtù dovuta, si diceva, alla capacità di "penetrare" in profondità con la radice e di "attaccare" con la forza dei suoi uncini!

Inoltre... *Quando nel secolo scorso avere un incarnato "pallido e puro" era un classico dell'avvenenza femminile, tra le donne circolava una ricetta a base di latte d'asina, latte di capra, bardana, asparagio, giglio bianco. Il composto si passava sul viso per una pelle... "clair de lune"!*

Le virtù

La pianta deve le sue qualità salutari soprattutto alla radice. Depurativa, diuretica, antidiabetica, agisce su calcolosi e reumatismi e ha un forte effetto stabilizzante. Decisiva nelle malattie della pelle, è applicata nell'uso esterno contro eczemi e foruncoli. In floriterapia se ne consiglia il rimedio a quanti, tenacemente attaccati al proprio ambiente, non sanno donarsi ed espandersi. Li aiuterebbe a trovare "appigli", per scoprire la forza di divenire nutrimento per gli altri.

ALTRI USI IN CASA

Colta e... mangiata!

Della bardana si consumano preferibilmente le fogliolne tenere, prese nel primo anno di età, con le quali si preparano fantasiose e gustosissime insalate. Composta di larghe foglie giallognole e di graziose bacche spinose con infiorescenze rosa acceso, la pianta è anche indicata nelle composizioni floreali per grandi tavoli rustici da giardino.

Erbe e benessere

· INFUSO DIGESTIVO

5 g di foglie di bardana, 100 g di acqua.
Versare le foglie di bardana nell'acqua bollente. Lasciare in infusione per 5 minuti. Filtrare. Consumare due volte al giorno dopo i pasti principali. La sua azione stimolante sul fegato e sulla cistifellea ne fa un ottimo digestivo.

· IMPACCO PER CAPELLI GRASSI

10 g di radici di bardana, 90 g di olio di nocciolo.
Macerare le radici di bardana nell'olio di nocciolo per 10 giorni. Conservare al buio in vaso di vetro ben chiuso. Filtrare. Applicare sui capelli grassi e lasciare agire tutta la notte prima di lavarli.

COLTIVIAMOLA COSÌ

La bardana si semina a giugno-luglio, ma il terreno deve essere già lavorato in profondità, ben affinato e concimato. I semi, messi a dimora, devono venire ricoperti con un sottile strato di terra e annaffiati con cura. Anche in vaso, che deve essere alto per la sua grossa radice, il terreno deve risultare impermeabile, fresco e umido.

Raccolta e conservazione *Le radici si raccolgono a ottobre-novembre e le foglie ad aprile-maggio. Le radici, essiccate al calore di una stufa a bassa temperatura, si conservano in sacchetti di carta, mentre le foglie, essiccate all'aria, in locali aerati e al riparo dal sole.*

FAMIGLIA Labiate
HABITAT Zona mediterranea
ALTITUDINE Fino a 500 m

BASILICO

Ocimum basilicum

Giunto fino a noi da paesi lontani, quelli caldo-umidi dell'Oriente, il basilico è "pianta regale", dal greco *basilikon*. Ma nello stesso tempo è anche tra le aromatiche più diffuse e comuni, coltivato ovunque all'arrivo dell'estate per il profumo delle sue foglie. Entrato nell'uso in tempi remoti in Grecia, il medico Filistione ne indicò l'efficacia in molti casi: "È salutifero, affiutarlo con l'aceto a chi fosse venuto in stato angoscioso. Rinfresca gli assonnati ed è buono ai dolori di capo. Risveglia la lussuria".
Inoltre... *Il basilico è certo pianta sovrana nella cucina mediterranea che fa sì che se ne abbia sempre un vaso in terrazzo. Anche se un tempo, nel linguaggio dei segni, un vaso di basilico posto alla finestra indicava la disponibilità di una ragazza a un incontro segreto con l'amato.*

Le virtù

Già conosciuto nell'antica Grecia, è tonico, sedativo, digestivo, dà vitalità attenuando la debolezza. Efficace nell'uso interno per vertigini, torpore, sonnolenza e stipsi, come rimedio esterno agisce contro alito cattivo, mal di testa, raffreddore, mal di gola. In floriterapia serve a vivere con piena accettazione sessualità e spiritualità, così che non vengano recepite in contrapposizione nelle relazioni sentimentali. Aiuta dunque a gestire senza conflitti la propria emotività.

" ... tu tacevi, tacevo, Signorina: godevo quel silenzio e quegli odori tanto tanto per me consolatori, di basilico, d'aglio e di cedrina... "

Guido Gozzano, *La Signorina Felicita*

ALTRI USI IN CASA

Il re dell'estate!

Il pesto genovese vede il basilico protagonista indiscusso: oltre a 3 hg di foglie pestate in un mortaio di marmo, devono essere aggiunti pinoli, parmigiano, aglio e olio extravergine d'oliva. Il profumo del basilico inoltre è insopportabile a mosche, moscerini e zanzare. In estate, perciò, un vaso sul davanzale della camera da letto farà buona guardia alle finestre spalancate.

Erbe e *benessere*

· INFUSO ANTISTRESS

5 g di foglie di basilico, 250 g di acqua.

Versare le foglie nell'acqua bollente. Lasciare in infusione per 10 minuti e filtrare. Una tazza d'infuso, bevuta dopo i pasti, farà sì che le sue proprietà stimolanti giungano a tonificare l'organismo indebolito dall'ansia o dallo stress da superlavoro intellettuale.

· CATAPLASMA PER LE PUNTURE DI ZANZARA

2-3 foglie fresche di basilico.

Pestare le foglie e applicare la poltiglia ottenuta sulla puntura, lasciando agire per pochi minuti. Le sue proprietà disinfettanti e antinfiammatorie hanno l'effetto di attenuare il prurito delle punture degli insetti.

COLTIVIAMOLO COSÌ

Il miglior metodo di riproduzione del basilico è la semina in piena terra, che va eseguita in aprile-maggio con temperature non inferiori ai 15°C su un terriccio ben affinato e concimato. La posizione deve essere soleggiata e riparata. Questo vale anche per la coltivazione in vaso. Una volta germogliata, la piantina va esposta al sole e annaffiata regolarmente.

Raccolta e conservazione *La raccolta si fa secondo le necessità per tutta l'estate, fin verso il mese di settembre. Per essere conservati, foglie e fiori devono essere essiccati in luogo fresco e aerato, poi messi in vasi di vetro.*

Famiglia Rosacee
Habitat Aree a clima temperato d'Italia e dell'Europa centrale
Altitudine Fino a 1200 m

Biancospino

Crataegus oxyacantha

Quel che immediatamente si nota in un cespuglio di biancospino è l'aspetto spinoso e, se è la stagione, il candido colore dei fiori. E proprio da questi elementi è nato il nome: biancospino o *Crataegus oxyacantha*. *Alba spina*, "spina bianca" lo chiamavano infatti i Romani, e *oxyacantha*, ovvero "dalle spine aguzze", i Greci. Gli antichi Romani poi dedicarono la pianta alla dea Flora, nume della primavera. Con le rosse bacche del biancospino si produceva nella Francia dell'Ottocento un vino molto apprezzato, oggi sconosciuto, ma di cui restano testimonianze che ne parlano come di una bevanda assai alcolica e inebriante.

Inoltre... *Durante la Prima Guerra Mondiale le foglie tenere del biancospino venivano utilizzate come sostitutivo del tè e del tabacco, mentre i semi, una volta macinati, si usavano al posto del caffè.*

Le virtù

Note soltanto dal secolo scorso, le virtù curative del biancospino ne indicano nell'uso interno il potere sedativo, antispasmodico, tonico cardiaco e regolatore della pressione sanguigna. È pure buon rimedio per calcoli renali e biliari, mentre l'acqua del decotto dei fiori, unita a quella del bagno, regala un piacevole effetto rilassante.

"Oh! Valentino vestito di nuovo, come le brocche dei biancospini!"

Giovanni Pascoli, *Valentino*

ALTRI USI IN CASA

Il più caldo e luminoso

Utilizzato come legna da ardere, il biancospino è tra le specie capaci di fornire il fuoco più luminoso e caldo. Un fatto che si deve alla lenta crescita del tronco, che lo rende molto resistente, quindi combustibile intenso, ideale per bivacchi all'aperto!

Erbe e benessere

• INFUSO PER L'IPERTENSIONE

5 g di fiori e foglie di biancospino, 5 g di achillea millefoglie, 500 g di acqua.
Versare il biancospino e l'achillea nell'acqua bollente. Filtrare dopo 10 minuti. Berne una tazza il mattino a digiuno e una la sera. Le due piante, agendo sul tono dei vasi sanguigni, miglioreranno la circolazione diminuendo la pressione arteriosa.

• BAGNO RILASSANTE

30 g di fiori di biancospino, 3 l di acqua.
Far bollire per 3 minuti i fiori di biancospino nell'acqua. Lasciare il decotto a riposo per 2 ore, filtrarlo e aggiungerlo all'acqua del bagno. Rimanendo immersi per circa 20 minuti si godrà di un benefico relax.

COLTIVIAMOLO COSÌ

Occorrono 6 anni per la formazione di una siepe, mentre l'alberello raggiunge anche i 5 m di altezza. Il biancospino può vivere secoli. Poiché per ottenere una pianta occorre molto tempo, conviene prendere una piantina dal vivaio e trapiantarla in marzo-aprile. È importante che dal trapianto alla fine di ottobre non si faccia mai mancare una costante irrigazione.

Raccolta e conservazione *La fioritura è breve e la raccolta dei fiori avviene in marzo-aprile, quando sono in boccio, le foglie in maggio-giugno, i frutti in ottobre e la corteccia in novembre. Fiori, frutti e foglie si essiccano all'ombra in luogo asciutto e si conservano in vasi di vetro.*

Famiglia Borraginacee
Habitat Centro e Sud Italia
Altitudine Fino a 800 m

“Innanzi ai trespoli e alle canestre delle venditrici d’ortaggi, … le donne contrattavano per tre quarti d’ora un fascio di borragine.”

Matilde Serao, *Mors tua*

Borragine

Borago officinalis

Il suo nome, borragine, deriva probabilmente dal latino *borra*, ovvero "lana grezza", dato l’aspetto quasi lanoso della pianta, ricoperta da una peluria consistente e biancastra. Fu Plinio il Vecchio (I secolo d.C.), il primo ad indicarla nella sua *Naturalis Historia* come portatrice di benefici e felicità: "*Dicit borago: gaudia semper ago*", cioè "dice la borragine: porto sempre gioia", alludendo forse al benessere psicofisico che procurava grazie alla sua capacità di purificare e ritemprare l’organismo.
Inoltre... *Per la sua capacità di rinvigorire corpo e spirito, la pelosissima borragine, dall’aspetto così poco attraente, sin dall’antichità venne associata alla gioia e al conforto spirituale. Anche nel linguaggio dei fiori il suo significato è quello di allegria.*

Le virtù

In fitoterapia la borragine è oggi utilizzata perché diuretica, depurativa, sudorifera ed emolliente. Nell’uso interno, è calmante e contrasta febbre, infiammazioni di bronchi e polmoni, nefriti, cistiti e disturbi intestinali. Nell’uso esterno, è utile in caso di ascessi, infiammazioni sottocutanee e gotta. In floriterapia la si usa contro la depressione e i dispiaceri, soprattutto dovuti a questioni di cuore.

ALTRI USI IN CASA

Secco con ghiaccio

Ottima per frittate e insalate, la borragine si presta a diversi usi. Per gustarne tutta la fragranza, porre un cucchiaio di fiori e 40 foglie tritate in una caraffa. Aggiungere un bicchierino di brandy, un mazzetto di pimpinella e la buccia di un'arancia: dopo 30 minuti, filtrare e servire con l'aggiunta di vino bianco secco e ghiaccio.

Erbe e benessere

• DECOTTO PER DEPURARE

2 g di foglie di borragine, 100 g di acqua.
Bollire le foglie nell'acqua per 4 minuti, farle riposare per 5 minuti e filtrarle. Bere a tazzine due volte al giorno lontano dai pasti. L'effetto depurativo disintossica l'organismo.

• INFUSO PER L'ACNE

15 g di sommità fiorite di borragine, 15 g di foglie di betulla, 35 g di fiori di viola tricolore, 35 g di corteccia di dulcamara, 175 g di acqua.
Mescolare gli ingredienti. Chiuderli in un vaso di vetro scuro, al riparo dalla luce. Versare 5 g della miscela nell'acqua bollente, lasciarla in infusione per 25 minuti e filtrarla. Bere l'infuso a digiuno per 20 giorni aiuterà a depurare l'organismo e a combattere l'acne.

COLTIVIAMOLA COSÌ

Si semina in aprile, in posizione soleggiata, dopo aver affinato e concimato il terreno. I semi vanno annaffiati con cura, evitando però i ristagni d'acqua. La borragine può essere seminata anche in vaso, sempre in aprile, con del terriccio standard.

Raccolta e conservazione *L'anno successivo alla semina, si raccolgono le foglie in aprile-maggio e i fiori in giugno-luglio, meglio se appena sbocciati. Entrambi vanno essiccati all'ombra e conservati in vasi di vetro. È comunque preferibile consumare la pianta fresca affinché conservi tutte le sue proprietà.*

FAMIGLIA Asteracee
HABITAT Fascia mediterranea
ALTITUDINE Fino a 600 m

"Più vaghe spunteranno, più vezzose
Le calte d'oro e le purpuree rose..."

Francesco Redi, *Rim. in Bronz. Sonetto n° 175*

CALENDULA

Calendula officinalis

I Greci l'associarono al dolore, fino a quando nell'Ottocento divenne simbolo delle pene d'amore. Molto amata dagli antichi Romani, la calendula, o calta, venne così chiamata per il suo rifiorire da luna a luna. Un fatto che ne sottolinea anche il legame con il femminile, con la Grande Madre. Le calendule, simili alle margheritine, piuttosto che volgersi in alto, si allungano e si diramano sul terreno emettendo via via nuovi getti fioriti lungo i segmenti di crescita. Il fiore della calendula è carico di petali, fitti e ordinati intorno al centro, di un colore che va dal crema al giallo vivo all'arancio. Fiorisce da aprile a novembre e, forse per questo, è anche detto "fior d'ogni mese". **Inoltre...** *Nel linguaggio dei fiori la calendula simboleggia la tristezza, l'ansietà e l'inquietudine. Offrire alla donna amata uno splendido mazzo di calendule è come dichiararle: "Io calmerò la tua inquietudine".*

Le virtù

La fitoterapia riconosce a questa pianta azione rigenerativa, sudorifera, colagoga e antibatterica. Nell'uso interno seda gli spasmi intestinali, cicatrizza le ulcere dello stomaco e depura il sangue. Ha effetti positivi anche su ipertensione e nervosismo, mentre cura ferite, calli e verruche nell'uso esterno. In floriterapia la calendula è utile a chi ha perduto la capacità di comunicare con gli altri e di condividere.

ALTRI USI IN CASA

Un sugo fiorito

Si provi a gustare l'aroma della calendula, preparando un sugo per tagliatelle verdi a base di carne macinata, carote e cipolle, alle quali andranno uniti 4 cucchiai di petali. Le sue sommità fiorite sono ideali anche per colorare delicatamente i piatti a base di riso.

Erbe e benessere

• DECOTTO PER LE SCOTTATURE

6 g di fiori di calendula, 100 g di acqua.
Bollire i fiori per 5 minuti, far intiepidire e filtrare. Applicare compresse imbevute di liquido sulle scottature, anche solari, facendo agire per 30 minuti. L'azione lenitiva della pianta decongestionerà le pelli arrossate.

• DECOTTO PER IL FEGATO

10 g di sommità fiorite di calendula, 30 g di foglie di ribes nero, 20 g di foglie di carciofo, 20 g di foglie di tarassaco, 400 g di acqua.
Versare nell'acqua bollente 50 g della miscela e bollire per un minuto. Far riposare per 10 minuti e filtrare. Bere il decotto tre volte al giorno, lontano dai pasti, favorirà la funzione depurativa del fegato.

COLTIVIAMOLA COSÌ

La calendula si semina in marzo-aprile o da fine agosto a settembre, a seconda del clima, garantendo sempre al terreno una certa frescura. Non appena è iniziata la germinazione, le piantine vanno diradate fino a ottenerne 6 a mq. Può essere inoltre coltivata anche in vaso in un punto soleggiato del terrazzo, con terriccio standard, ben concimato e annaffiato costantemente.
Raccolta e conservazione *Foglie e fiori si raccolgono da marzo-aprile a novembre e vanno essiccati in strati sottili, in locali asciutti e oscuri, e conservati al buio in vasi di vetro o porcellana.*

FAMIGLIA Asteracee
HABITAT Zona mediterranea
ALTITUDINE Fino a 800 m

camomilla

Matricaria chamomilla

Quando la primavera è ormai inoltrata, su terreni irregolarmente erbosi, in campi dismessi, lungo strade e siepi, capita di imbattersi in bassi cespuglietti tondeggianti, dal fogliame breve e frangiato, su cui s'elevano bianche margherite dal bottone d'oro: è la camomilla. Il suo nome, d'origine greca, significa "meletta" con riferimento al giallo capolino conico, ma anche all'odore melato. Un tempo si raccoglieva per san Giovanni – 24 giugno –, perché la benedizione del Santo avrebbe rafforzato i poteri di questa panacea universale, indispensabile per curarsi tutto l'anno.

Inoltre... *Presso gli Egizi la pianta era consacrata al dio Sole. In Italia la camomilla è popolarmente detta anche "erba santa Maria", perché una tradizione la vuole tra i fiori che composero la corona della Madonna.*

Le virtù

Calma nevralgie, spasmi gastrointestinali, respiratori e coliche epatiche. Nell'uso interno è anche febbrifuga e sedativa. Utile, nell'uso esterno, per scottature, irritazioni di pelle e occhi. Contro l'insonnia, farà bene un bel bagno di camomilla! In floriterapia il rimedio serve in casi di ansietà, di nervosismo, di tensioni emotive localizzate allo stomaco, di iperattività. Va usato per mantenersi calmi anche di fronte alle proprie inaspettate e indesiderate reazioni emotive.

"E la signora Argia si profferse a fare a Serafino una tazza della sua camomilla, di quella proprio colta da lei, e passata al setaccio che pare polvere di gaggia e fa tanto bene."

Alfredo Panzini, *Sei romanzi fra due secoli*

ALTRI USI IN CASA

Amata e generosa

Posta vicino a una pianta sofferente o fragile, la camomilla potrà ridarle salute. Se essiccati delicatamente, i suoi fiori arricchiscono, come tutte le infiorescenze piccole dalle forme e dai colori decisi, la carta da regalo o da lettera più ricercata. Basterà fissarli ad una carta-base resistente – martellata o fatta a mano – con della colla fluida e tenace.

Erbe e benessere

• CAMOMILLA PER L'INFLUENZA

40 g di fiori di camomilla, 1 l di acqua.
Lasciare i fiori di camomilla nell'acqua bollente per 10 minuti. Filtrare e assumere la bevanda più volte al giorno lontano dai pasti. Le sue proprietà antinfiammatorie saranno utili in caso di influenza.

• INFUSO PER DIGERIRE

4 g di fiori di camomilla, 100 g di acqua.
Versare i fiori nell'acqua bollente e lasciare in infusione per 5 minuti. Filtrare e bere l'infuso dopo i pasti per intervenire in caso di digestione difficile. L'azione calmante della camomilla avrà il potere di lenire anche gli spasmi dolorosi del tubo digerente.

COLTIVIAMOLA COSÌ

Si semina in marzo-aprile. Anche in vaso è opportuno non farle mai mancare l'umidità necessaria, perché soffre la siccità. Non occorrono lavorazioni profonde del terreno, ma è bene interrare contemporaneamente del letame maturo. Importante è la compressione del sottile strato di terra che ricopre i semi, utile a favorirne la germinazione.
Raccolta e conservazione *I capolini non del tutto sviluppati, da raccogliere nei mesi di giugno-luglio, vanno fatti essiccare in strati sottili all'ombra e in ambiente aerato. Si conservano poi in vasi di vetro al riparo dalla luce.*

L'acqua odorosa di san Giovanni

Una tradizione antica, ma ancora praticata ai giorni nostri, soprattutto nelle campagne, vuole che la notte della vigilia di san Giovanni – tra il 23 e il 24 giugno – si raccolgano erbe aromatiche e profumate con cui preparare un'acqua odorosa.
Le erbe da selezionare sarebbero quelle che la tradizione vuole legate in qualche modo al Santo e che nei giorni del Solstizio d'Estate sprigionano maggiormente i loro effetti benefici (iperico, camomilla, aglio, cipolla, lavanda, menta, artemisia, biancospino, corbezzolo, ruta, rosmarino, agnocasto, grappoletti di ribes, prezzemolo, salvia). Una volta raccolte, le erbe vengono immerse in acqua e lasciate macerare per tutta la notte; al mattino, dopo aver filtrato il composto, ci si laverà con l'acqua che avrà assunto un delicato miscuglio di profumi.
La "cerimonia lustrale" con l'acqua profumata con le erbe del Santo ha una funzione propiziatoria, di invocazione su di sé di salute, prosperità e ricchezza.

Un tempo si faceva così!

"Molte persone sono cui tornerà utile il rimedio che son qui per render pubblico, se sapranlo però ben fare ed adoperare."
Così scriveva Barbanera in un Almanacco di fine Ottocento. Un modo certo per sottolineare l'importanza di un prezioso "saper fare" che è frutto di conoscenza ed esperienza, senza però mai dimenticare che l'efficacia di consigli e rimedi dipende, in fondo, in gran parte da noi. Ieri e oggi!

Famiglia Asteracee
Habitat Zone dell'area mediterranea
Altitudine Fino a 900 m

Cardo mariano

Silybum marianum

Se un amore sarà corrisposto o no può dircelo, secondo una vecchia credenza, il cardo mariano. Scoperto il suo potere benefico sul cuore, la pianta aveva infatti già suggerito agli antichi il suo collegamento con la sfera dei sentimenti, con l'amore in particolare. Presente nei luoghi incolti, lo si trova di frequente anche ai margini di campi coltivati da cui tiene lontani gli spiriti maligni. Un fatto probabilmente dovuto al suo aspetto spinoso, che dona a fine primavera un bellissimo fiore piumoso color porpora.

Inoltre... *Il cardo è protettore degli indifesi. Leggenda vuole che durante la fuga di Maria e di Giuseppe per salvare Gesù Bambino, il cardo coprì tutta la famigliola, nascondendola alla vista degli inseguitori. Ebbe le foglie maculate dal latte della Madonna: da allora fu detto mariano.*

Le virtù

Tonifica cuore e fegato, agisce sul sistema nervoso e dà vigore, ripristinando l'appetito in caso di anoressia. Diuretico e vermifugo, è utile per emicrania, reumatismi e febbri. Nell'uso esterno è antisettico e cicatrizzante. In floriterapia il rimedio insegnerebbe alle persone dotate di carisma e autorevolezza a valorizzare questi doni non nell'alterigia tracotante e orgogliosa, ma nella scelta di posizioni non troppo "affollate" e competitive.

"Gli Olianesi non son punto stupidi, e vedendo che pranzare e passar la giornata presso la Chiesa, cioè tra le spine dei cardi e delle stoppie sarebbe proprio un rimetterci la spesa, preferiscono... fermarsi al Gologone."

Grazia Deledda, *San Giovanni Bello*

ALTRI USI IN CASA

Un classico di sempre!

Essiccato e spruzzato di spray dorato o argentato, il cardo mariano è ottimo elemento per arricchire una tradizionale composizione natalizia. Disponetelo insieme a dei rami d'abete, o ad elementi contrastanti e preziosi, quali sfere di vetro lavorato.

Erbe e benessere

• DECOTTO PER IL MAL D'AUTO

1 g di polvere di semi di cardo mariano,
100 g di acqua.

Bollire la polvere di semi nell'acqua per 10 minuti. Raffreddare e bere il composto, una tazza al giorno lontano dai pasti, per tutta la settimana precedente alla partenza.

• VINO APERITIVO

20 g di radici di cardo mariano,
1 l di vino bianco secco.

Frantumare le radici di cardo mariano e versarle nel vino. Far macerare per 2 giorni. Filtrare. Conservare in bottiglia di vetro scuro ben chiusa. Bere due bicchierini del vino prima dei pasti principali. L'effetto aperitivo aiuterà chi manifesta scarso appetito.

COLTIVIAMOLO COSÌ

La semina si effettua in aprile, su un terreno in posizione soleggiata, che deve essere lavorato in profondità e sminuzzato superficialmente. I semi vanno interrati sotto uno strato sottile e la coltura andrà annaffiata con cura. Non è consigliabile la coltivazione in vaso, poiché la radice va molto in profondità.

Raccolta e conservazione *Si raccolgono semi e radici: i primi in luglio-agosto, le seconde in ottobre. I semi si conservano, dopo essere stati essiccati in un ambiente aerato, in sacchetti di tela. Lo stesso le radici che vanno ben lavate, tagliate a tronchetti ed essiccate al sole.*

FAMIGLIA Fagacee
HABITAT Area a clima temperato d'Italia e dell'Europa sud-orientale
ALTITUDINE Fino a 1200 m

"O castagno, fiorente
dalle grandi radici,
Sei tu la foglia, sei il fiore
o sei il tronco?"

William Butler Yeats, *Visita alla scuola*

castagno

Castanea sativa

Originario dell'Asia Minore, il castagno ha però scelto l'area del Mediterraneo come luogo d'elezione. Il suo tronco corre alto e colonnare nel folto dei boschi, ma si fa più possente e massiccio se isolato. La corteccia, grigia e liscia in giovane età, diventa rugosa e screpolata col sopraggiungere degli anni. I bei frutti, chiusi prima in un riccio pungente, ne escono bruni e lucenti: sono farinosi e amabili al gusto, nutrienti e appaganti!
Inoltre... *Il più famoso castagno, detto dei "Cento Cavalli", vive sull'Etna: nel 1872 misurava 56 m di diametro, comprensivi dei rami, e 20 m d'altezza. Alla fine del Settecento gli furono attribuiti più di tremila anni d'età. Santa Ildegarda di Bingen, grande naturalista del Medioevo, valorizzò le proprietà del castagno per rafforzare il fegato logorato da un'esistenza condotta in modo estremo.*

Le virtù

Sedativo e tossifugo, è efficace per problemi del sistema nervoso e convulsioni. Nell'uso interno è anche antinfiammatorio e antidiarroico. Forte rimineralizzante, combatte l'estrema stanchezza. Nell'uso esterno fa bene alla salute dei capelli e dei piedi doloranti. È comprovato che l'uso di castagne dona ad epatici, irascibili e lunatici, stabilità ed equilibrio. In floriterapia il rimedio aiuta coloro che sono intimamente tristi: a loro porterà luce e visione.

ALTRI USI IN CASA

Da sempre in tavola

Il cibo tradizionale maggiormente legato alla storia culinaria di questo prelibato frutto autunnale è il castagnaccio. Mescolare farina di castagne, acqua tiepida, 2 o 3 cucchiai d'olio extravergine d'oliva, pinoli e rosmarino, sino ad ottenere un impasto consistente. Dopodiché cuocere in una teglia abbondantemente unta d'olio per oltre 30 minuti.

Erbe e *benessere*

• INFUSO PER TOSSI OSTINATE

4 g di foglie di castagno, 4 g di foglie di timo serpillo, 4 g di foglie di eucalipto, 200 g di acqua.
Versare la miscela di foglie nell'acqua bollente e lasciare in infusione per 15 minuti. Filtrare e bere l'infuso due volte al giorno, lontano dai pasti. Contribuirà a calmare la tosse ostinata.

• CASTAGNO PER IL RAFFREDDORE

20 g di foglie di castagno, 400 g di acqua.
Versare le foglie sminuzzate nell'acqua bollente e far riposare per 15 minuti. Filtrare e assumere la bevanda nell'arco della giornata, lontano dai pasti, dolcificandola con del miele. Allevierà raffreddori e tossi asmatiche.

COLTIVIAMOLO COSÌ

Data la sua vigorosità, per impiantare un castagno si deve disporre di uno spazio abbastanza grande e in posizione soleggiata. Impossibile la coltivazione in vaso. Si trapianterà in primavera, a marzo-aprile, una piantina di almeno 4 anni già innestata, in una buca della dimensione di 1 mc.

Raccolta e conservazione *Le foglie si raccolgono in aprile-maggio, la corteccia in ottobre-novembre, i frutti in ottobre-novembre. Corteccia e foglie si conservano in scatole di cartone, ma le castagne, che vanno raccolte in terra, si consumano fresche, oppure si conservano dopo essere state essiccate al sole.*

FAMIGLIA Asteracee
HABITAT Europa, Asia occidentale, Africa settentrionale
ALTITUDINE Fino a 1200 m

"Vadan pur, vadano a svellere
la cicoria e' raperonzoli
certi mediconzoli che coll'acqua
ogni mal pensano di espellere."

Francesco Redi, *Rime*

cicoria

Cichorium intybus

Secondo Plinio il Vecchio i Magi attribuivano alla cicoria proprietà che andavano ben al di là di quelle medicamentose. Ritenevano infatti che bastasse aspergersi di succo della pianta misto a olio per facilitare la realizzazione dei desideri. Fu poi il romano Columella a consigliarne l'uso quale cibo per gli animali, specie per le oche: "Si dovranno saziare – scriveva – prima con un po' di cicoria tagliuzzata per evitare che per la fame cerchino di estirpare con troppa forza erbe dure fino a rompersi il collo."

Inoltre... *Non c'è fiore più legato al sole della cicoria. Il fatto che si apra al suo sorgere, per poi richiudersi scolorendosi al tramonto, ha acceso la fantasia di molti osservatori. Ma la spiegazione del fenomeno che attenua il bel colore blu della corolla, ce la danno alcuni chimici americani che hanno identificato una sostanza enzimatica presente nei fiori e responsabile della loro colorazione. A temperature più basse diventa meno attiva e quindi schiarisce i petali al tramonto.*

Le virtù

Le foglie fresche o il loro succo hanno potere emolliente contro foruncoli e ascessi, mentre le radici cotte depurano l'organismo. L'acqua di cottura delle foglie, bevuta prima dei pasti, aiuta nei casi di inappetenza, intossicazioni di fegato e stitichezza cronica. La sostanza attiva contenuta nella pianta, la cicorina, la rende utile come tonico, lassativo e depurativo.

ALTRI USI IN CASA

Un carico di vitamina A

Questa comunissima insalata che si trova facilmente anche spontanea è, tra le insalate, la più ricca in assoluto di vitamina A. Per questo è molto indicata anche nell'alimentazione dei bambini che ne hanno bisogno per crescere sani e robusti. È inoltre ottima per accompagnare piatti di carne, di pesce, specie se abbondantemente condita con olio extravegine d'oliva e aceto. Buonissima anche cotta.

Erbe e benessere

· DECOTTO DEPURATIVO

4 g di radici di cicoria, 100 g di acqua.

Versare le radici sminuzzate di cicoria nell'acqua bollente. Bollire per 5 minuti. Far riposare 10 minuti. Filtrare. Bere la mattina a digiuno. La cura dovrà durare almeno 20 giorni: avrà un effetto disintossicante.

· MASCHERA RINFRESCANTE

50 g di radice fresca di cicoria.

Pestare in un mortaio la radice fresca di cicoria. Detergere accuratamente la pelle del viso. Applicare la radice pestata, insieme al succo, sul viso pulito. Lasciarla per 20 minuti. Rimuovere la maschera con acqua tiepida. Sarà utile per rinfrescare la pelle e combattere gli arrossamenti.

COLTIVIAMOLA COSÌ

Pianta erbacea biennale, cresce spontanea ovunque ed è riconoscibile per le sue infiorescenze azzurre. Si semina da aprile a luglio interrando i semi. Annaffiare con regolarità almeno fino alla metà di ottobre. Si devono inoltre sarchiare le infestanti.

Raccolta e conservazione *La raccolta delle foglie si effettua a marzo-aprile, prima della fioritura, mentre a ottobre si raccoglie la radice. Per la conservazione, le foglie vanno essiccate distese all'ombra in ambiente aerato. Quanto alle radici, prima si lavano e poi si tagliano nel senso della lunghezza e si fanno essiccare al sole o in forno a bassa temperatura.*

FAMIGLIA Rosacee
HABITAT Nei boschi delle zone temperate
ALTITUDINE Fino a 1500 m

“ Li discorsi so’ come le cerase, che ne piji una e te viè appresso er piatto. ”

Gioacchino Belli, *Li discorzi*

CILIEGIO

Prunus avium

Era Plinio il Vecchio a dire come la ciliegia fosse tra i primi frutti a ricompensare il contadino delle fatiche del lavoro. Tra le più pregiate annovera le "duracine", chiamate anche "pliniane". Le "laurine" invece erano quelle ottenute da innesti sull'alloro. Ma del frutto elenca anche pregi e difetti: sono lassative ma nuocciono allo stomaco, essiccate hanno virtù astringenti e diuretiche, mangiate al mattino bagnate di rugiada, col nocciolo, liberano dalla gotta. I codici di sanità medievali confermarono il fastidio che potevano arrecare allo stomaco per la loro facilità ad imputridire "nei visceri", e il consiglio per evitare l'inconveniente era mangiarne piccole quantità con buon vino.

Inoltre... *Esiste in Giappone una prassi molto romantica per chi è in cerca d'amore: legando una ciocca dei capelli a un ciliegio in fiore, si darà vita a un incantesimo che esaudirà il desiderio. E la stagione più propizia perché questo avvenga è la primavera.*

Le virtù

Il ciliegio ha proprietà diuretiche, antiuriche, astringenti, antigottose, antireumatiche. Incarna la gioia di vivere e contrasta l'invecchiamento. Decisivo per gotta, acidi urici e artriti, nell'uso interno è calmante e frena la tendenza all'obesità. Depurativo, digestivo, febbrifugo, secondo gli antichi scioglierebbe i calcoli. Antirughe nell'uso esterno.

ALTRI USI IN CASA

Dolcezza in vaso

Cosa aggiungere alla tanto decantata bontà delle ciliegie? Per gustarle tutto l'anno basta metterne 1 kg in un vaso di vetro a chiusura ermetica, aggiungendo 1 kg di zucchero e 1 l di miscela di alcol a 90° e acqua. Le ciliegie sotto spirito saranno pronte a Natale, e faranno godere dei sapori e dei profumi della bella stagione!

Erbe e benessere

• DECOTTO PRIMAVERILE

6 g di fiori di ciliegio, 200 g di acqua.
Versare i fiori nell'acqua e far bollire per un minuto. Far riposare per 5 minuti. Filtrare. Bere una tazza due volte al giorno lontano dai pasti. Le blande proprietà lassative del decotto depurano l'organismo.

• MASCHERA ALLE CILIEGIE

200 g di ciliegie, 1 cucchiaio di panna liquida.
Lavare le ciliegie. Privarle del picciolo e del nocciolo. Schiacciare la polpa e amalgamarla con la panna. Stendere la miscela sul viso pulito. Lasciarla 15 minuti e poi sciacquare. Ripetere l'operazione due volte alla settimana per un mese. Il contenuto di vitamina A rende il frutto prezioso per rigenerare la pelle.

COLTIVIAMOLO COSÌ

Il ciliegio si può seminare, ma è meglio prendere una piantina dal vivaio da trapiantare in autunno o fine inverno in una buca di circa 80 cm nelle tre dimensioni. Mettere la ghiaia sul fondo favorirà il drenaggio, mentre aiuterà la crescita l'aggiunta di letame maturo. Dopo il trapianto annaffiare sino a fine estate. Per qualche anno meglio non potarlo.
Raccolta e conservazione *Si raccolgono da maggio a luglio i frutti e i peduncoli dei frutti. I primi si consumano freschi, o vi si preparano confetture, i secondi si essiccano all'ombra, in ambiente aerato, e si conservano in barattoli di vetro.*

Famiglia Liliacee
Habitat Climi temperati
Altitudine Fino a 1600 m

“Artemidoro
ha mandato un cappuccio,
Aristarco le acciughe,
Atenagora ha messo
di suo le cipolline...”

Filodemo, *Lo Spuntino*

CIPOLLA

Allium cepa

La storia dell'uso delle cipolle si perde nella notte dei tempi. Disposte a file regolari in solchi allineati, espongono le loro foglie tubulose da cui partirà lo stelo della infiorescenza sferica di colore bianco rosato. Erbacea annuale dal bulbo sferoidale, originaria dell'Asia Minore, era utilizzata dai Sumeri già 6000 anni fa. Adorata dagli antichi Egizi quasi come una divinità, veniva data come compenso a coloro che lavoravano alla costruzione delle piramidi. Della famiglia delle Liliacee, *Allium cepa* deve il suo nome scientifico alla radice celtica *all*, "caldo", "pungente", con evidente riferimento al suo ben noto sapore.
Inoltre... *In Grecia era sacra a Latona, una delle personificazioni di Madre Terra. Nel suo trattato sull'agricoltura, il romano Columella – I secolo d.C. – indica la cipolla tra gli ingredienti base della preparazione di numerosi piatti, tra cui il "moretum" e la "giuncata".*

Le virtù

Stimolante e sedativa insieme, ingerita cruda è digestiva, cotta aiuta l'intestino. Depurativa, cura nefrite, calcoli renali, diabete e ritenzione idrica. Usi esterni: caduta dei capelli, punture d'insetti, dolori articolari e calli. In floriterapia il rimedio potrebbe aver la funzione di liberare dalle tossine psichiche chi si è disperso in un'esistenza faticosa e caotica.

ALTRI USI IN CASA

Immancabile in cucina

Oltre a costituire la base per ogni soffritto che si rispetti, la cipolla può far bella mostra di sé anche nel pranzo più impegnativo, cotta al forno o conservata sott'olio o sott'aceto. Se dolce, se ne possono mescolare delle sfoglie sottili alle insalate: basterà aver avuto l'accortezza di lasciarle prima decantare per qualche ora in una miscela di aceto o succo di limone.

Erbe e benessere

• SCIROPPO PER LA TOSSE

50 g di cipolla, 100 g di acqua, 1 cucchiaio di miele.
Cuocere la cipolla sminuzzata nell'acqua per 5 minuti e poi colare. Aggiungere il miele, rimettere sul fuoco e bollire fino a far addensare lo sciroppo. Assumerne sei cucchiaini ogni 4 ore. Aiuterà a risolvere le infreddature, le raucedini e la tosse.

• CIPOLLA PER IL RAFFREDDORE

20 g di cipolla, 100 g di latte.
Versare la cipolla sminuzzata nel latte. Bollire per 4 minuti, lasciar riposare per 10 minuti e filtrare. Assumere una tazzina della bevanda mattina e sera, lontano dai pasti. Aiuterà a combattere raffreddore e tosse.

COLTIVIAMOLA COSÌ

Dopo aver sminuzzato, vangato e reso umido il terreno e infine aggiunto 1 kg di letame maturo e circa 500 g al mq di compost, si mettono a dimora i bulbi in aprile. Vanno interrati a file distanziate di 30 cm l'una dall'altra, mentre dovrà essere di 15 cm lo spazio tra pianta e pianta, in modo che gli apici possano affiorare liberi in superficie. In vasi di almeno 30 cm se ne possono piantare 3-4.

Raccolta e conservazione *Si raccoglie da giugno ad agosto il bulbo, che andrà conservato, in inverno, in locali bui e aerati, a 3-4 °C, per impedire che germogli.*

Famiglia Cupressacee
Habitat Area mediterranea
Altitudine Fino a 800 m

cipresso

Cupressus sempervirens

Il suo nome sembrerebbe significare "resinoso", perché resinoso e aromatico il cipresso lo è veramente. Pare che la sua culla sia il Mediterraneo orientale, con le tante isole, Cipro soprattutto, che, secondo alcuni, gli impresse il nome. Presso i Greci e i Romani i medici prescrivevano ai pazienti più ricchi una salutare vacanza a Creta, conosciuta come Isola dei Cipressi, quale cura contro la polmonite. Le foglie sempreverdi e il legno incorruttibile hanno dato al cipresso il valore dell'immortalità: la freccia di Eros, lo scettro di Zeus, la mazza di Ercole erano di cipresso. **Inoltre...** *Conosciuto da tempi remoti, fu anche usato, secondo Plinio il Vecchio, per le porte del Tempio di Diana a Efeso. Anche l'imperatore Costantino lo utilizzò per quelle della Basilica di San Pietro, che qui rimasero fino al 1431, anno della loro sostituzione.*

"Sacro recinto gli corre incontro:
una fonte perenne
sgorgante dalla roccia,
d'ogni lato ha rigoglio
d'ombra per lauri e per mirti
e per odorosi cipressi..."

Teodoro, *Priapo*

Le virtù

Le sue proprietà sono racchiuse soprattutto nelle galbule, le bacche che pendono dai rami. Astringente, vasocostrittore e diuretico, nell'uso interno è efficace anche per dissenteria, febbri, circolazione, emorragie e capillari. Attenua il mal di denti nell'uso esterno, cura emorroidi e varici. In floriterapia il rimedio, da elaborare con i piccoli fiori terminali, potrebbe servire a fortificare chi vive situazioni difficili e stressanti, che a lungo abbiano generato stanchezza e sfiducia in sé.

ALTRI USI IN CASA

Utile e dilettevole

Le bacche di cipresso, dal buon aroma di resina, rendono i rami di questa splendida pianta adatti a composizioni sempreverdi sobrie e raffinate. Sono inoltre una valida alternativa ai petali e alle foglie per un pot-pourri di facile realizzazione. Grazie all'odore che emana, il legno di cipresso si rivelerà molto utile in casa nel tenere lontane le tarme dai mobili.

Erbe e benessere

• DECOTTO PER LA FEBBRE

2 g di frutti di cipresso, 100 g di acqua.
Bollire nell'acqua i frutti sminuzzati per 20 minuti e lasciarli riposare per 10 minuti. Filtrare e assumere tre cucchiai al giorno di decotto lontano dai pasti. Le proprietà antipiretiche della pianta combattono gli stati febbrili.

• DECOTTO PER IL MAL DI DENTI

5 g di frutti di cipresso, 100 g di aceto.
Versare i frutti contusi nell'aceto bollente. Farli bollire per 10 minuti e riposare per altrettanto tempo. Grazie alle proprietà decongestionanti del cipresso, qualche goccia del decotto gioverà alle gengive infiammate e calmerà il mal di denti.

COLTIVIAMOLO COSÌ

Il cipresso può anche essere seminato, ma non è possibile farlo in vaso. Sempre meglio comunque procurarsi una piantina di 50 cm, da trapiantare in una buca di almeno 50 cm cubi, che dovrà essere preparata in inverno, aggiungendo 500 g di letame maturo e 500 g di compost naturale. La messa a dimora si esegue in marzo-aprile e, se si vuole creare una siepe, la distanza tra le piantine deve essere di 60-80 cm.
Raccolta e conservazione *Si raccolgono a marzo-aprile i rami e da gennaio a marzo i frutti, chiamati galbule. Poi si essiccano entrambi all'ombra in locali ben aerati e si conservano in recipienti di vetro.*

FAMIGLIA Araliacee
HABITAT Europa
ALTITUDINE Fino a 800 m

" ... ma l'edera che premia la fronte dei sapienti mi porta tra i Celesti: un fresco bosco, un coro di spiriti lievi del bosco... "

Orazio, *Dono a Mecenate*

edera

Hedera helix

I Greci la collegavano a Dioniso. Racconti mitologici narrano che l'edera protesse dal fuoco il Dio bambino abbandonato dalla madre, abbracciandolo con le sue fronde. Avvinghiata ai tronchi, è l'immagine del sentimento tenace, dell'amicizia e dell'amore. Il suo nome significa "colei che prende", ovvero che prende spazio nel senso dell'estensione e dell'altezza.
Inoltre... *Bruciando i rami secchi dell'edera si ottiene una cenere per lucidare oggetti d'argento. Invece il decotto delle foglie, che va fatto bollire per 2 ore, raffreddare e poi filtrare, è l'ideale per sciacquare gli abiti neri che hanno perso lucentezza.*

Le virtù

Come rimedio naturale, è fondamentale utilizzare l'edera con prudenza. Nell'uso interno, radici e foglie, meno tossiche, sciolgono i calcoli biliari, i fiori regolano i mestrui e aiutano nei disturbi nervosi. La tintura è espettorante. L'edera può anche agire quale ottimo rimedio esterno per foruncoli, scottature e piaghe, cellulite.
Avvertenze
Le saponine contenute nell'edera hanno un certo grado di tossicità. Attenersi quindi scrupolosamente alle dosi consigliate. Non ci sono invece inconvenienti nell'uso esterno. Non lasciare i preparati alla portata dei bambini e non usare i frutti perché velenosi.

ALTRI USI IN CASA

Speciale per tingere

Lasciare a bagno per una notte le foglie di edera coperte d'acqua, nella misura di 10 volte il peso della lana. Bollirle il giorno dopo per 2 ore. Immergerci il filato e bollire di nuovo per 60 minuti. Si otterrà un bel colore variante dal marrone al beige, al verde oliva. Dai frutti si ricava il grigio lasciando a bagno per una notte una quantità di bacche che sia il doppio del peso della lana. All'indomani far bollire per 60 minuti. Aggiungere la lana e bollire per altri 60 minuti.

Erbe e benessere

• BAGNO PER LA CELLULITE

50 g di foglie di edera, 1 l di acqua.
Versare le foglie nell'acqua bollente, lasciarle in infusione per 10 minuti e filtrare. Aggiungere l'infuso all'acqua del bagno. L'azione anestetica della pianta predisporrà al massaggio anticellulite. Le proprietà astringenti aiuteranno a decongestionare i tessuti infiammati e a far riassorbire i liquidi che vi ristagnano.

• DECOTTO PER LA TOSSE

2 g di foglie di edera, 100 g di acqua.
Far bollire le foglie nell'acqua per 5 minuti e lasciarle riposare per altrettanto tempo. Filtrare. Bere un bicchierino del decotto due volte al giorno lontano dai pasti. Servirà a calmare la tosse stizzosa.

COLTIVIAMOLA COSÌ

Di facile coltivazione e molto decorativa, è adatta a tutti quegli spazi, recinzioni e muri, che si vogliono ricoprire in fretta. La propagazione si fa soprattutto per talea di giovani rametti prelevati in settembre e messi a terra su un substrato ben sminuzzato e arricchito con sabbia e torba. Mantenere umido il terreno per alcune settimane dopo la piantagione, evitando i ristagni d'acqua.

Raccolta e conservazione *Le foglie si raccolgono tutto l'anno, si essiccano all'ombra e si conservano poi in dei sacchetti di tela.*

FAMIGLIA Equisetacee
HABITAT Nord Italia
ALTITUDINE Fino a 2000 m

“ La reliquia di pioggia
che conserva freschissima nel tubo
di vegetale vetro l’equiseto... ”

Corrado Govoni, *Preghiera al trifoglio*

equiseto

Equisetum arvense

Pianta erbacea antichissima, risalente al Paleozoico, l’equiseto raggiunge gli 80 cm di altezza ed è piuttosto difficile da estirpare per la sua radice che va molto in profondità. Privo di fiori, questo vegetale bizzarro ha due tipi di steli, fertili di color rossastro e sterili di color verde, che gli conferiscono una caratteristica forma a pennacchio.
Per questo, fin dai tempi più remoti venne chiamato "coda cavallina".
Inoltre... *Sembra che durante il Carbonifero i dinosauri si cibassero di equiseto che allora formava intere foreste, raggiungendo anche i 30 metri d’altezza. Ora queste foreste ci restano fossilizzate, e sono carbone nelle miniere. Dioscoride, I secolo a.C., raccomandava nella Grecia antica il succo di equiseto per le emorragie e il decotto per la cura delle ulcere dell’intestino e della vescica.*

Le virtù

Le maggiori virtù sono nella pianta fresca. Coagulante e antianemico, nell’uso interno contrasta nefrite, acidi urici, osteoporosi e facilita il rinsaldarsi di ossa traumatizzate. Nell’uso esterno previene la carie e cura polipi nasali e ferite. In floriterapia il rimedio sviluppa l’espansione di una consapevolezza profonda e il contatto con tutte le forme di vita. Incarna un’energia ancestrale profonda, vigorosa, legata al divenire primordiale.

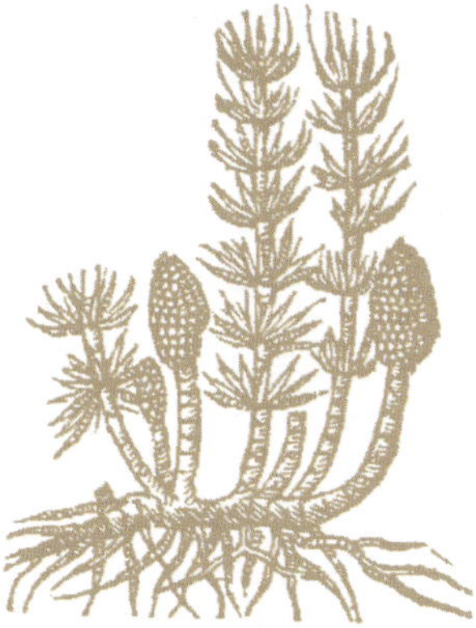

ALTRI USI IN CASA

Amico delle piante

Aggiungere 2 cucchiaini di equiseto essiccato o una buona manciata di foglie fresche a ½ litro d'acqua in ebollizione. Lasciare in infusione per 10 minuti. Far freddare e usare poi come fertilizzante per le piante in vaso. Inoltre l'equiseto è perfetto per pulire l'acciaio. Basta strofinare pentole e utensili con i gambi essiccati, per dare alla lega una lucentezza del tutto inaspettata.

Erbe e benessere

· DECOTTO PER LE SMAGLIATURE

40 g di equiseto fresco, 1 l di acqua.

Versare l'equiseto nell'acqua bollente. Bollire per 3 minuti. Lasciar intiepidire e filtrare. Applicare per almeno 20 minuti compresse di cotone, imbevute di liquido, sulle zone della pelle alterata dalle smagliature.

· DECOTTO PER OCCHI INFIAMMATI

5 g di equiseto, 5 g di petali di rosa, 100 g di acqua.

Versare l'equiseto e i petali di rosa nell'acqua. Far bollire le piante per 3 minuti e lasciarle a riposo per 5 minuti. Filtrare e utilizzare il decotto freddo per fare degli impacchi sugli occhi infiammati.

COLTIVIAMOLO COSÌ

Prospera in tutti i terreni umidi, ma non è possibile la coltura in vaso poiché le radici devono andare molto in profondità per potersi sviluppare. La semina presenta alcune difficoltà e la sua propagazione avviene per divisione della piantina completa di radici. Si raccomanda però di limitarla.

Raccolta e conservazione *Per raccogliere l'equiseto bisogna attendere i mesi di giugno, luglio e agosto, quando può essere utilizzato al meglio il suo fusto verde. L'essiccazione può avvenire al sole o in forno a bassa temperatura. Si conserva in scatole di cartone.*

Con indosso i colori del prato

Un mordente non vale l'altro. Ad esempio dall'ortica è possibile ottenere colori diversi a seconda del mordente utilizzato: giallo ocra con lo stagno, giallo-bruno con l'allume, arancio-marrone con il cromo, grigio con il ferro. Lo stesso vale per gli steli e le foglie fresche del prezzemolo che danno un color giallo verdognolo se unite al cromo, giallo chiaro con l'allume. Anche con le radici e le foglie del tarassaco si realizzano tinte che variano dal grigio se usate con il ferro, al bruno se usate con l'allume. Vari colori si possono ottenere anche dalla buccia di cipolla essiccata: arancio acceso con lo stagno, giallo brillante con l'allume, marrone con il cromo.

La *tavolozza* della *natura*

GIALLO: *bucce di cipolla, camomilla dei tintori, ciliegio, corteccia di frassino, equiseto, fiori di calendula, foglie di gemme di saggina, foglie di ligustro, foglie di mirto di palude, foglie di mughetto, foglie di pioppo lombardo, iperico, melo, pero, pigne di pino, radici e fusti di prezzemolo, rovo, sambuco, semi di fusaggine.*

VERDE: bacche di ligustro, bacche di spino cervino, foglie di felce, foglie di sambuco, punte di foglie di erica.

ROSSO: *bacche di fusaggine, barbabietola, robbia dei tintori, sanguinaria.*

ARANCIONE: camomilla dei tintori, ortica, sticta pulmonaria.

PORPORA: *mirtilli – usati per i tweed –, radici di salice.*

VIOLETTO: maggiorana selvatica.

MARRONE: *agrimonia, bacche di ginepro, camomilla dei tintori, corteccia di rovo, foglie o mallo di noce, radici di noce, tarassaco.*

NERO: corteccia di quercia.

Famiglia Mirtacee
Habitat Zone temperate, Centro e Sud Italia
Altitudine Fino a 800 m

eucalipto

Eucalyptus globulus

Originario della Tasmania e dell'Australia, l'eucalipto è un albero sempreverde dal legno molto resistente che può superare i 40 metri di altezza, mentre la chioma può estendersi fino a 12 metri di diametro. Probabilmente fu Francesco Ricciardi, duca di Camaldoli, il primo a coltivare l'eucalipto in Europa. La pianta fu dunque studiata solo alla fine del '700, quando il botanico francese L'Héritier esaminò alcune piante provenienti dalla terza spedizione in Australia del capitano J. Cook.

Inoltre... *Nell'Ottocento le baleniere della Tasmania erano le migliori del Pacifico. Questo perché la loro chiglia era di legno di eucalipto. Per la medicina popolare indossare o porre sotto il cuscino una collana di baccelli di eucalipto infilati in un filo verde, cura il mal di gola.*

Le virtù

Antisettico e balsamico, aiuta l'apparato respiratorio e urinario. Nell'uso interno è anche ipoglicemizzante, febbrifugo, antiematico, valido per bronchite e inappetenza. Cicatrizzante, è efficace nell'uso esterno anche per le sinusiti. L'energia dell'eucalipto è multiforme: in floriterapia il rimedio potrebbe aprire il cuore e il coraggio a individui che hanno paura del nuovo.

Avvertenze

Nell'uso interno l'eucalipto è tossico, quindi va usato attenendosi alle dosi consigliate. Da evitare in gravidanza e nell'allattamento.

"... Oltre le sbarre il tuo giardino
intatto fra gli eucalipti liguri
si spazia..."

Guido Gozzano, *La via del rifugio*

ALTRI USI IN CASA

Un buon profumo

La foglia dell'eucalipto, con il suo aroma inconfondibile, è la regina dei pot-pourri a base di fragranze mediterranee. Inoltre, il suo legno è utilizzato nella copertura di superfici esterne grazie al suo alto livello di resistenza. Oggi l'eucalipto si pianta per la sua rapida crescita e il suo soave profumo, piuttosto che per il potere insettifugo.

Erbe e benessere

• TISANA PER LA TOSSE

2 g di foglie di eucalipto, 200 g di acqua.
Sminuzzare le foglie e versarle nell'acqua bollente. Coprire il recipiente e far riposare per 10 minuti. Filtrare il preparato e berne una tazzina due volte al giorno, lontano dai pasti. Le proprietà balsamiche dell'eucalipto calmeranno la tosse.

• BAGNO TONIFICANTE

20 g di foglie di eucalipto, 1 l di acqua.
Macerare le foglie di eucalipto nell'acqua fredda per tutta la notte. Bollire al mattino per 2 minuti. Far riposare 30 minuti. Filtrare. Versare il decotto nell'acqua del bagno. Frizionare energicamente la pelle. Si otterrà un benefico effetto stimolante e deodorante.

COLTIVIAMOLO COSÌ

Un terreno sabbioso, fertile e ben drenato, neutro o acido, è l'ideale per coltivare l'eucalipto, pianta dalla crescita molto rapida. Poiché ha qualche difficoltà a propagarsi per seme, è preferibile prendere la piantina dal vivaio. È importante, dal momento della piantagione in marzo-aprile fino a novembre, annaffiarla evitando i ristagni d'acqua.
Raccolta e conservazione *Le foglie si raccolgono da giugno a settembre e si essiccano all'ombra sistemate in strati sottili. Per la conservazione è necessario usare vasi di vetro scuro, allo scopo di preservarne le proprietà balsamiche.*

Famiglia Ombrellifere
Habitat Area mediterranea
Altitudine Fino a 1000 m

“ Ermes che domini il colle ferace di verde cerfoglio e di finocchio.... ”

Leonida di Taranto, *Fra l'orto e il prato*

FINOCCHIO

Foeniculum vulgare

Plinio il Vecchio, studioso naturalista vissuto circa duemila anni fa, asseriva che il serpente dopo il letargo riusciva a spogliarsi della sua vecchia pelle grazie all'umore del finocchio, e che se ne cibava per schiarirsi la vista offuscata dal lungo sonno del letargo.
Un'evidente prova di come l'antichità romana conoscesse la natura di questa pianta.
D'altronde il suo uso contro gli offuscamenti della vista è giunto direttamente fino a oggi.
Inoltre... *Il finocchio era considerato in passato un efficace simbolo di forza e veniva consumato nell'antica Roma dai gladiatori che lo utilizzavano anche per cingersi la testa. Inoltre lo si riteneva pianta capace di favorire la produzione di latte nelle nutrici. Curioso il fatto che, proprio per il suo legame con la vista, sia stato consacrato a santa Lucia, protettrice della vista. E a lei infatti ci si rivolgeva recitando un'apposita preghiera, se un corpo estraneo entrava negli occhi: "Santa Lucia, passate per casa mia, con una nappa di finocchio, levatemi la ruscia da quest'occhio".*

Le virtù

Ben noto a partire dall'antichità classica, il finocchio è pianta utile nello stimolare la secrezione del latte e nel regolarizzare il mestruo. È inoltre diuretico, digestivo, placa la tosse, gli attacchi d'asma e schiarisce la vista. Le sue proprietà sono efficaci anche contro i gonfiori intestinali.

ALTRI USI IN CASA

A tutta cucina!

Amatissima e costante presenza nella cucina mediterranea, un rametto di finocchio è l'ideale nella preparazione degli arrosti – carne o pesce – in particolare se cotti alla brace, e pure nella confezione di salumi a cui aggiunge un inconfondibile, gradevolissimo sapore. Anche i semi vengono tradizionalmente utilizzati nella realizzazione di dolci e di pani.

Erbe e benessere

• DECOTTO DIURETICO

6 g di radice di finocchio, 200 g di acqua.
Mettere le radici nell'acqua e bollire per 10 minuti. Filtrare. Bere due tazze al giorno lontano dai pasti. Le proprietà diuretiche del finocchio eliminano i liquidi in eccesso.

• MASCHERA PER PELLI GRASSE

10 g di semi di finocchio, 20 g di farina d'orzo, 1 bianco d'uovo, 10 g di acqua.
Pestare i semi di finocchio e versarci l'acqua calda. Dopo un'ora aggiungere la farina d'orzo e il bianco d'uovo sbattuto. Applicare la miscela su viso e collo per 15 minuti. Sciaquare con acqua tiepida. Massaggiare se necessario poca crema nutriente sulla pelle, che trarrà beneficio da questa maschera purificante.

COLTIVIAMOLO COSÌ

Per avere una scorta di finocchio, si può seminare in vaso a febbraio-marzo per poi collocarlo in un punto soleggiato del terrazzo. I contenitori devono avere un diametro di 30 cm e un'altezza di 50 cm.

Raccolta e conservazione *La raccolta delle ombrelle fiorali, che si fa quando diventano di colore giallo chiaro, avviene in agosto-settembre del secondo anno di coltura. La radice si raccoglie in ottobre-novembre. Per conservare le ombrelle si legano in mazzi per farle asciugare all'ombra, poi, per setacciatura e battitura, si separano i semi. La radice, tagliata a pezzetti, si fa essiccare al sole. Semi e radici si conservano in vasi di vetro al riparo dalla luce.*

FAMIGLIA Asteracee
HABITAT Area mediterranea
ALTITUDINE Fino a 1500 m

FIORDALISO

Centaurea cyanus

Il fiordaliso, pianta spontanea che punteggia d'azzurro i campi di grano in coppia con i papaveri, può raggiungere gli 80 cm di altezza. Delicato ornamento, ben si adatta alla realizzazione di aiuole insieme ad altre varietà dai fiori grandi, semidoppi, punteggiati e screziati. Sembra che Guglielmo I, imperatore di Germania, scelse il fiordaliso come emblema del suo casato per essere sfuggito, insieme alla sua famiglia, alle truppe di Napoleone Bonaparte proprio grazie a un campo pieno di fiordalisi.

Inoltre... *Un tempo si credeva che se una ragazza avesse nascosto questo fiore sotto il grembiule, avrebbe conquistato il giovanotto preferito. Nel linguaggio dei fiori il fiordaliso è simbolo di sensibilità, e offrire un mazzolino di fiordalisi è come dire: "Ammiro la tua freschezza, il tuo fascino sottile".*

Le virtù

È utile in caso di reumatismi, gonfiori e gotta. Nell'uso interno ha proprietà emollienti, diuretiche, depurative e astringenti. Congiuntivite e affaticamento degli occhi trovano un valido aiuto nell'uso esterno, oltre a contrastare la formazione degli orzaioli. In floriterapia fornisce una visione sottile e spirituale della realtà che ci circonda. L'energia del fiordaliso è quella di chi sa guardare in alto per captare le profondità celesti e spirituali e convogliarle al centro del proprio essere.

“Sotto così bel cielo com'io diviso
Ventiquattro seniori, a due a due,
coronati venien di fiordaliso...”

Dante Alighieri,
Divina Commedia, Purgatorio

ALTRI USI IN CASA

Fiori nel piatto

I germogli del fiordaliso, colti quando sono tenerissimi, entrano nella preparazione di fresche insalate. Un'antica ricetta vuole si lessino in acqua salata, per poi condirli con succo di limone, sale, olio extravergine d'oliva e capperi. Si tratta di un piatto gustoso da preparare sul finire della primavera, quando i primi delicati fiori cominciano a spuntare.

Erbe e benessere

• MISCELA PER REUMATISMI

3 g di fiori di fiordaliso, 2 g di fiori di sambuco, 2 g di foglie di timo serpillo, 150 g di acqua.
Lasciare in infusione nell'acqua bollente la miscela di fiordaliso, sambuco e timo serpillo per 15 minuti. Filtrare e bere l'infuso due volte al giorno, lontano dai pasti. La loro azione sinergica allevierà i dolori reumatici.

• DECOTTO DEPURATIVO

7 g di fiori di fiordaliso, 500 g di acqua.
Lasciar bollire per 5 minuti i fiori nell'acqua. Filtrare e bere due tazze al giorno della bevanda, lontano dai pasti. Grazie alle sue qualità depurative, il fiordaliso disintossica l'organismo. Si consiglia di protrarre la cura per 20 giorni, specialmente a primavera.

COLTIVIAMOLO COSÌ

Si può seminare a marzo, ma anche a settembre-ottobre per una bella fioritura primaverile. Pianta dalle poche cure, predilige del terreno arenoso, poco compatto e una posizione soleggiata. In vaso la coltivazione si rivela semplice. Su un terriccio standard, collocare i semi in modo da non avere più di 2-3 piante in un vaso del diametro di 30 cm.

Raccolta e conservazione *Del fiordaliso si usano i fiori, da raccogliere a giugno-luglio, meglio se nelle prime ore del mattino. I capolini sbocciati, seccati in ambiente aerato e all'ombra, andranno conservati in vasi di porcellana.*

FAMIGLIA Genzianacee
HABITAT Pascoli alpini e appenninici
ALTITUDINE Da 1000 a 2500 m

“ ... e vini, e liquori d'erbe che misero di buon umore persino Bernardo Gui, di solito così austero: liquore di citronella, nocino, vino contro la gotta e vino di genziana... ”

Umberto Eco, *Il nome della rosa*

genziana

Gentiana lutea

La genziana ha scelto di vivere sulle montagne, nelle solitudini e nei silenzi, tra arsure e geli. Nonostante ciò, riesce a superare, lei che è un'erba, la statura di un metro. Secondo Plinio il Vecchio, il nome della pianta deriva da quello del re illirico Gentius, che nel II secolo a.C. la diffuse tra i Romani, mentre l'aggettivo *lutea* significa "gialla", ma anche "fangosa", cioè del colore della terra. Nel Medioevo la si utilizzava come antidoto contro i veleni e la si riteneva capace di far uscire dal corpo tutti gli umori tossici. **Inoltre...** *Forse a causa del suo sapore amarognolo, nel linguaggio dei fiori la genziana è simbolo di disprezzo. Un tempo però era anche considerata un amuleto capace di assicurare buona salute e longevità. Ancora oggi, in montagna, è d'uso masticare un pezzetto di radice al giorno per godere dei suoi benefici influssi.*

Le virtù

Nella moderna fitoterapia la genziana viene utilizzata in caso di problemi dell'apparato digerente, del fegato e dell'intestino. Nell'uso interno ha proprietà febbrifughe, antinfettive, antianemiche, stimola l'appetito, facilita il flusso biliare depurando anche il sangue. In floriterapia, la genziana stimola a un atteggiamento positivo nei confronti della vita accettandone serenamente anche le incertezze.

ALTRI USI IN CASA

Una radice nella grappa

La genziana è nota soprattutto per le sue proprietà toniche e digestive. Il più tradizionale degli usi, in tal senso, consiste nel porre una radice accuratamente pulita in 1 litro di ottima grappa, lasciando poi macerare per molto, molto tempo, in un luogo fresco e asciutto.

Erbe e benessere

Avvertenze *Le preparazioni a base di genziana sono controindicate nei casi di ipertensione, disturbi gastrointestinali cronici e lesioni renali, in gravidanza e nell'allattamento.*

• VINO APERITIVO E DIGESTIVO

30 g di radice di genziana, 100 g di alcol a 70°, 1 l di vino bianco, 500 g di acqua.

Mescolare acqua e alcol, aggiungere le radici e versare nel vino dopo 24 ore. Far macerare per 10 giorni, agitando il contenitore. Filtrare e conservare al fresco in una bottiglia. Berne un bicchierino prima o dopo i pasti.

• SCIROPPO TONIFICANTE

40 g di radice di genziana, 500 g di zucchero, 1 l di acqua minerale di alta montagna.

Macerare la genziana in acqua per 48 ore. Aggiungere lo zucchero e bollire lentamente fino a ridurre il decotto di un quarto. Filtrare. Conservare lo sciroppo al fresco.

COLTIVIAMOLA COSÌ

Per riprodurre le piante dal seme, il terreno deve essere ben drenato, ricco di humus e lavorato a una profondità di 40-50 cm, poi concimato. Si semina in ottobre-novembre. Meno complicata la coltivazione acquistando le piantine e trapiantandole in aprile.

Raccolta e conservazione *Le radici, spesso più lunghe di 1 metro, si raccolgono a ottobre-novembre nel secondo anno di coltura e si conservano in vasi di vetro una volta lavate, tagliate a pezzi e asciugate al sole.*

FAMIGLIA Cupressacee
HABITAT Regioni europee
ALTITUDINE Fino a 1500 m

“ Non trema canna
su la solitaria spiaggia
arsa di rusco, di ginepri arsi.
Non suona voce, se ascolto. ”

Gabriele D’Annunzio, *Meriggio*

GINEPRO

Juniperus communis

È l’arbusto sempreverde per eccellenza, pioniere dei prati incolti e dei pascoli. I Greci chiamavano il ginepro *arkenthos*, che significa “colui che respinge un pericolo”. Per la sua conformazione spinosa, la pianta ha anche fornito spunti alla fantasia popolare, dando così origine a una tradizione leggendaria e simbolica molto ricca. Alle sue bacche piccole e tonde, molto ricercate da uccelli, lepri, insetti e dai mille animali della foresta, viene associato il significato di consolazione. Nel XII secolo santa Ildegarda di Bingen, naturalista visionaria del Medioevo, utilizzava il ginepro come calmante, oltre che per liberare i polmoni dal catarro.

Inoltre... *Il ginepro fu lodato dal poeta latino Virgilio per il suo legno inattaccabile dai tarli. C’era poi Plinio il Vecchio, naturalista sempre latino, che ne esaltava il valore per la capacità di durare centinaia di anni.*

Le virtù

Preziosa medicina, nell’uso interno elimina gli acidi urici, è digestivo, utile contro alito cattivo, coliche, renella e calcoli. Indicato per curare reumatismi, bronchiti e asma, giova anche a emicrania e bruciori di stomaco. Nell’uso esterno può essere impiegato contro reumatismi e artrite.

Avvertenze: *Dosaggi elevati di ginepro causano irritazioni renali, per cui è sconsigliato a chi presenta patologie di questo tipo, a donne in gravidanza o in allattamento.*

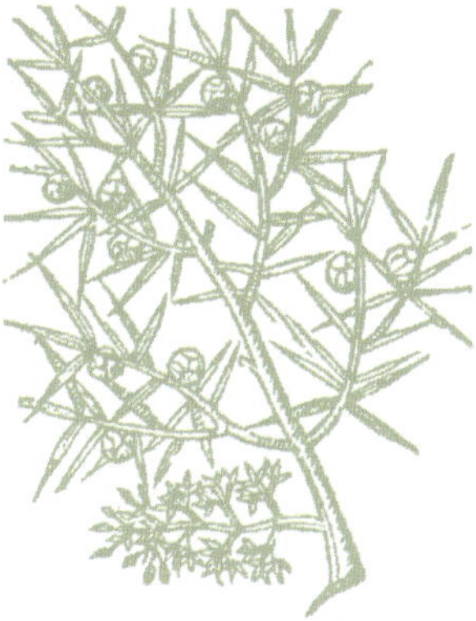

ALTRI USI IN CASA

Indispensabile con la carne

I frutti di ginepro, che impiegano 2 anni a maturare, sono usati nella preparazione di distillati, soprattutto del gin, che dalla pianta prende il nome. Se aggiunti alla base di cottura della selvaggina e delle carni rosse, conferiranno un gusto inconfondibile. Qualche bacca buttata sul fuoco aromatizza la brace: viene difatti utilizzata nel processo di affumicazione degli insaccati più pregiati.

Erbe e *benessere*

• VINO PER LA TOSSE

4 g di bacche di ginepro, 100 g di vino bianco.
Macerare le bacche nel vino per 10 giorni, scuotendo il recipiente quotidianamente. Filtrare e berne un bicchierino prima dei pasti principali. Il ginepro è un ottimo espettorante.

• BAGNO PER LA CELLULITE

20 g di bacche e rametti di ginepro, 20 g di corteccia di quercia marina, 1 l di acqua.
Bollire ginepro e quercia marina nell'acqua per 10 minuti. Lasciare in infusione per 20 minuti. Filtrare il preparato e aggiungerlo all'acqua del bagno. L'azione leggermente revulsiva del ginepro riattiva la circolazione nelle zone colpite da cellulite. Lo iodio della quercia marina scioglie i cuscinetti adiposi.

COLTIVIAMOLO COSÌ

Trapiantare in marzo-aprile, su terreno sabbioso-calcareo, una pianta maschile e una femminile (altrimenti quest'ultima non darà frutti) prese dal vivaio. Preparare delle buche di 40 cm, nelle quali i ginepri verranno messi a dimora distanziati di 2-3 m. Annaffiare sino alla fine di settembre. La coltivazione in vaso si pratica solo per la varietà nana.
Raccolta e conservazione *Le foglie si raccolgono da aprile a novembre, si essiccano in luogo aerato e all'ombra e si conservano in sacchetti di carta. I frutti si raccolgono in autunno, si essiccano al sole o in forno a bassa temperatura, e si conservano in contenitori di terracotta.*

Famiglia Graminacee
Habitat Regioni temperate d'Europa
Altitudine Fino a 1400 m

“… davano la caccia a un brigante, certo Gramigna, se non erro, un nome maledetto come l'erba che lo porta…”

Giovanni Verga, *L'amante di Gramigna*

Gramigna

Agropyrum repens

Con le sue foglie piatte e nervate e i fiori giallini stretti in una spighetta, la gramigna è un'erbacea perenne, molto temuta in passato dai contadini perché assai invadente e soprattutto resistente a qualsiasi tentativo di estirpazione. In realtà è erba preziosa, utile all'uomo, ma anche assai ricercata dagli animali per la sua azione depurativa: nel Medioevo la Scuola Medica Salernitana annotava come ripulisse i condotti di milza e fegato.

Inoltre… *Che i temporali mettano a rischio i raccolti è noto. Ma che i tuoni potessero danneggiare le uova e impedire la nascita dei pulcini ce lo dice nel I secolo d.C. Columella. Un po' di gramigna, rametti di lauro, capi d'aglio, chiodini di ferro, messi sotto la paglia dove la chioccia covava, sarebbero però bastati a scongiurare lo spavento.*

Le virtù

Le proprietà della pianta sono concentrate nel rizoma. Che risulta diuretico, depurativo, emolliente, antinfiammatorio di reni, vie urinarie, fegato e intestino. Nell'uso esterno è molto utile in caso di eruzioni cutanee. L'impasto di radici, acqua e farina, invece, è efficace nel lenire i gonfiori dovuti a slogature. La gramigna è indicata anche contro la cellulite ed è consigliata nelle cure disintossicanti. In floriterapia, infine, il rimedio che la utilizza è adatto a chi tende a isolarsi dagli altri.

ALTRI USI IN CASA

Il suo lato sconosciuto

Questa preziosa pianta è utile anche in cucina. Le sue radici, i "rizomi", entrano in molti preparati alimentari: gelatine, pane, zucchero, alcol e addirittura birra a buon mercato... Una ricetta semplice consiste nell'essiccarne le radici, macinarle e ricavarne della farina da unire a quella di grano per la preparazione di un gustoso pane integrale.

Erbe e benessere

• CURA DI PRIMAVERA

25 g di gramigna, 10 g di radici di cicoria, 500 g di acqua.

Versare la gramigna e la cicoria nell'acqua. Far bollire per 10 minuti e tenere a riposo per 15 minuti. Filtrare e bere il composto due volte al giorno per 15 giorni. Il suo effetto depurativo sarà di grande efficacia in primavera.

• GRAMIGNA PER PELLI GRASSE

10 g di gramigna, 10 g di fiori di farfara, 10 g di foglie di verbasco, 500 g di acqua.

Far bollire le piante nell'acqua. Togliere il recipiente dal fuoco ed esporre il viso al vapore per 15 minuti. Pulisce il viso ed elimina i punti neri.

COLTIVIAMOLA COSÌ

Poiché pianta infestante, difficile da sradicare e contenere, conviene coltivarla in punti isolati e marginali dell'orto o del giardino. Per questo è preferibile collocarla in vaso: ci vogliono contenitori del diametro di 30 cm, in cui interrare nel mese di ottobre 2-3 pezzetti di radice con nodo per ciascun vaso, per poi lasciarne uno solo quando la germinazione sarà avvenuta.

Raccolta e conservazione *Le radici si raccolgono nei mesi di settembre-ottobre, si lavano, si tagliano a pezzetti e si essiccano al sole. Si conservano in sacchetti di carta o di tela.*

Famiglia Guttifere
Habitat Zone temperate e asciutte d'Europa
Altitudine Fino a 1600 m

“ Chiamasi volgarmente l'hiperico perforata, per havere egli (come dimostra la trasparenza) le frondi sue tutte perforate da minutisimi punti. ”

Pietro Andrea Matthioli, *I Discorsi*

iperico

Hypericum perforatum

A sentire Castore Durante, botanico e medico del XVI secolo, bisognava bruciare l'iperico se si avvertiva in casa la presenza dei diavoli. I fumi dell'erba, detta anche "scacciadiavoli", avrebbero protetto tutti gli abitanti. Usato da tempi lontani, lo si chiama tra l'altro "erba di san Giovanni", per il suo profondo legame con il Solstizio d'Estate e il Santo, appunto san Giovanni, che si celebra di lì a poco, il 24 giugno. Nella più antica tradizione il rosso che emette se si stropicciano i fiori, è considerato infatti il sangue del Battista Decollato.

Inoltre... *Secondo un'antica usanza, posto sotto il cuscino di una donna nubile, l'iperico avrebbe fatto apparire in sogno il futuro marito. Ma se ciò non fosse accaduto, causando alla ragazza malinconia, le sarebbe bastato raccoglierne un ramoscello – purché di venerdì – per farne un infuso che, bevuto, avrebbe riportato l'ottimismo.*

Le virtù

Sono molte le proprietà delle sommità fiorite di iperico, ricche di sostanze a spiccata azione antidepressiva e sedativa. Nell'uso interno agisce contro catarro e asma. È un potente digestivo, depura il fegato ed è utile in caso di cistiti. Nell'uso esterno è cicatrizzante ed emoliente e stimola la rigenerazione cellulare.

Avvertenze

L'iperico può causare fotosensibilizzazione. I soggetti con carnagione chiara che fanno uso di preparazioni a base di iperico devono quindi evitare l'esposizione ai raggi solari.

ALTRI USI IN CASA

Tradizione e bellezza!

*L'*Hypericum calycinum *e l'*Hypericum perforatum *si prestano per realizzare aiuole colorate e molto rapide nella crescita, capaci di dare un bel tocco di giallo brillante al giardino. I suoi fiori, inoltre, ben figurano in qualsiasi composizione fresca, resa straordinariamente brillante e riflettente di luce per i pigmenti giallo-rossi tipici dei petali.*

Erbe e benessere

• TINTURA DIGESTIVA

20 g di fiori di iperico, 100 g di alcol a 20°.
Tenere i fiori di iperico al macero per 5 giorni. Poi filtrare e conservare al fresco la tintura in una bottiglia di vetro scura con contagocce. Prendere trenta gocce dopo i pasti principali.

• OLIO NUTRIENTE

250 g di fiori freschi di iperico, 500 g di olio di girasole, 250 g di vino bianco secco.
Mescolare olio e vino, infine aggiungere i fiori di iperico. Lasciare a macerare il preparato per una settimana. In seguito, scaldare la miscela fino a far evaporare il vino, filtrare e utilizzare l'olio per nutrire la pelle avvizzita.

COLTIVIAMOLO COSÌ

L'iperico va seminato a marzo, in terreno lavorato, asciutto e ben drenato, a una profondità di almeno 40 cm. Va annaffiato fino alla germinazione e durante le estati molto asciutte evitando il ristagno di acqua. A germinazione avvenuta, vanno eliminate le piante in eccesso. Lo si può anche coltivare trapiantando piantine raccolte allo stato spontaneo ed estratte dal terreno cercando di mantenere integra la radice.

Raccolta e conservazione *Da giugno si raccolgono le infiorescenze, si fanno a mazzetti e si appendono a essiccare all'ombra. Si conservano in vasi di vetro a chiusura ermetica.*

FAMIGLIA Labiate
HABITAT Regioni temperate del Mediterraneo
ALTITUDINE Fino a 1800 m

“... o Naiade ancor più graziosa,
su porta canestri di viole,
frammiste a neri ligustri,
lavanda e balsamo insieme...”

Columella, *De re rustica (Libro X)*

Lavanda

Lavandula spica

Ha un cespuglio tondeggiante, rustico e grigio, che contrasta con gli steli che si innalzano dritti portando in cima spighe di fiorellini dal colore azzurro-ceruleo. Le foglie sono strette, lanceolate e dal margine arrotondato. Originaria del Mediterraneo orientale, si è diffusa, per coltivazione, sia nei giardini privati che in quelli pubblici. Di questa bellissima utile pianta, Dioscoride, nel I secolo d.C., consigliava di stropicciare i fiori tra le mani per curare le ferite procurate dai serpenti. Inoltre, forse per la sua efficacia terapeutica nelle infiammazioni del cavo orale, un'antica tradizione associa la lavanda alla capacità di guarire dal mutismo.
Inoltre... *Si credeva che portare indosso il fiore della lavanda proteggesse dalle ossessioni e dagli spiriti maligni. Inoltre, mettere dei sacchetti pieni di semi di lavanda nei cassetti della biancheria si riteneva avesse il dono di infondere calma negli abitanti della casa.*

Le virtù

La lavanda è un ottimo antisettico, capace di sedare gli spasmi intestinali e di agire sulle infiammazioni delle vie urinarie e dell'apparato genitale. Combatte inoltre tossi, bronchiti, asma, mal di testa e vertigini. Nell'uso esterno, è utile in caso di slogature, reumatismi e malattie della pelle. La floriterapia la indica per alleviare l'irritabilità e per tutti i disturbi di origine nervosa.

ALTRI USI IN CASA

Un aceto dall'aroma inconfondibile

Ecco un fantastico aceto balsamico: riempire un barattolo di vetro di fiori freschi di lavanda, aggiungere aceto tiepido fino a colmare il vaso che, chiuso ermeticamente, si lascerà al sole per 2 settimane agitando quotidianamente. Il 14° giorno, se si desidera un aroma ancora più forte, filtrare il composto e riempire un altro barattolo colmo di nuovi fiori freschi.

Erbe e benessere

• VINO PER L'ASTENIA

5 g di fiori di lavanda, 15 g di timo, 10 g di foglie di salvia, 10 g di rosmarino, 1 l di vino bianco.
Far macerare le erbe nel vino per 5 giorni. Filtrare e conservare in una bottiglia di vetro ben chiusa. Un bicchierino dopo i pasti agirà da stimolante in soggetti debilitati o ansiosi.

• INALAZIONI PER LA SINUSITE

2 g di olio essenziale di lavanda, 2 g di pino, 2 g di timo, 4 g di eucalipto, alcol a 90°.
Mescolare gli oli essenziali e l'alcol fino a raggiungere la quantità di 150 g. Conservare la miscela in una bottiglia di vetro ben chiusa. Metterne un cucchiaio nell'acqua bollente e respirarne i vapori tre volte al giorno, per 7 giorni. Utile in caso di sinusiti e influenze.

COLTIVIAMOLA COSÌ

I tempi lunghi di germinazione dei semi di lavanda rendono preferibile la propagazione per talea, che si effettua prelevando in agosto un rametto di 10 cm, da piantare in vaso con terriccio sabbioso. Il trapianto avverrà in primavera o autunno su terreno asciutto, poco argilloso, calcareo. In vaso, si semina ad aprile, in un terriccio che non trattenga l'acqua.
Raccolta e conservazione *La raccolta si effettua a giugno-luglio, tagliando gli steli a 15 cm dalla spiga fiorale. Si essiccano in rametti appesi e si conservano in vasi di vetro scuro.*

FAMIGLIA Malvacee
HABITAT Europa, Asia, America, comunissima in Italia
ALTITUDINE Fino a 1600 m

“ Mi nutre l'oliva, la verdura,
la tenue malva.
Dammi figlio di Latona,
la gioia della mia ricchezza. ”

Orazio, *Preghiera ad Apollo*

malva

Malva sylvestris

Diffusa in tutto il mondo mediterraneo, la malva vive lungo i sentieri e su terreni incolti. Anche se poi desidera abitare dove c'è frequenza di umani e di animali domestici. Ma... attenzione, la frequentazione deve essere limitata. Perché, se è vero che non ama la solitudine estrema, non ama neppure la congestione e il caos. Vero è che il suo disporsi lungo percorsi e stradelle la porta talvolta a ritrovarsi anche lungo strade di notevole scorrimento. Conosciuta sin dall'antichità, era usata come verdura dai Romani che ne facevano uso alimentare, come testimonia Orazio nel I secolo a.C. Si credeva inoltre che seminata intorno ai sepolcri, aiutasse le anime dei defunti dando loro pace e serenità.
Inoltre... *Nel linguaggio ottocentesco dei fiori, la malva è simbolo di amore materno, mansuetudine, umanità e moderazione. È inoltre emblema di dolcezza e dell'amore sollecito, pronto ad aiutare in modo attento, ma sempre delicato.*

Le virtù

La malva ha potere emolliente e rinfrescante. Nell'uso interno la pianta è utilizzata per calmare tosse e mal di stomaco, oltre che per risolvere problemi di stitichezza e ritenzione urinaria. Nell'uso esterno è invece utile nelle infiammazioni della pelle e degli occhi. In floriterapia si usa per ritrovare il calore umano e lo spirito di amicizia, superando così diffidenza, timidezza e chiusura.

ALTRI USI IN CASA

Nel risotto e in insalata

Si può preparare un'insalata con due manciate di foglie di piattello, una di salvia dei prati, qualche rosetta di borsa di pastore, un mazzetto di centonchio e qualche foglia di malva e acetosa. Si tritano le erbe a listarelle si condiscono con olio, sale e limone. Inoltre foglie e germogli di malva, cotti in pochissima acqua, aggiunti a un risotto bianco a metà cottura, ne esaltano morbidezza e consistenza.

Erbe e benessere

• INFUSO PER LA TOSSE

10 g di fiori e foglie di malva, 300 g di acqua.
Lasciare in infusione la malva nell'acqua bollente per 10 minuti. Filtrare e bere a piccoli sorsi due tazze di infuso al giorno, lontano dai pasti, dolcificando con miele. Le sue proprietà espettoranti sono efficaci per le tossi ostinate.

• INFUSO PER LA COLITE NERVOSA

5 g di foglie di malva, 5 g di fiori di tiglio, 5 g di foglie di melissa, 300 g di acqua.
Lasciare malva, tiglio e melissa nell'acqua bollente per 15 minuti, poi filtrare. Bere mattina e sera una tazza dell'infuso tiepido. Le piante, dalle proprietà calmanti, rilasseranno le vie digestive, predisponendo alla risoluzione della colite spastica. Utile anche applicare sullo stomaco compresse imbevute dell'infuso.

COLTIVIAMOLA COSÌ

La malva ha bisogno di poche cure per crescere rigogliosa. Si semina ad aprile in luogo soleggiato, dopo aver concimato con 2 kg di compost a mq e lavorato il terreno fino a 30 cm di profondità. È importante annaffiare dalla semina alla fine dell'estate ed eliminare le infestanti. In vaso si semina in terriccio standard, in pieno sole.
Raccolta e conservazione *Foglie e fiori si raccolgono tra giugno e settembre, e si essiccano in luoghi aerati e ombrosi, conservando poi le prime in sacchetti di carta, i secondi in vasi di vetro.*

FAMIGLIA Labiate
HABITAT Zone fresche e riparate della fascia mediterranea
ALTITUDINE Fino a 1000 m

MELISSA

Melissa officinalis

Gli Arabi tenevano la melissa in grande considerazione. Furono infatti loro a scoprire i suoi effetti benefici contro gli stati malinconici. Intorno all'anno Mille il filosofo persiano Avicenna così diceva: "La melissa fa il cuor contento e accresce lo spirito vitale, manda via i cattivi pensieri ed equilibra gli eccessi di bile". Tra le piante selvatiche che crescono intorno alle case, la melissa può a volte passare inosservata.
Il fusto quadrangolare, le foglie opposte e i fiori a due labbra denunciano la sua appartenenza alla famiglia delle Labiate. Sono piante che meritano particolare attenzione soprattutto per il profumo che le caratterizza.
Inoltre... *Il nome melissa richiama quello del miele, non a caso è assai ricercata dalle api. Per il suo tipico aroma citronato, un po' pungente, che sa di limone, viene anche chiamata "cedronella".*

Le virtù

Nell'uso interno la melissa aiuta la digestione ed è utile contro depressione e altri disturbi di origine nervosa: palpitazioni, vertigini, spossatezza, allucinazioni. In quello esterno attenua cefalea e dolori articolari. In floriterapia si consiglia a chi stagna in situazioni ripetitive che producono tensione e malinconia.

"In Cile si beve in infuso perché si pensa che aiuti a dimagrire. Magari fosse così facile..."

Isabel Allende, *Afrodita*

ALTRI USI IN CASA

In cucina... e non solo!

Le foglie fresche di melissa si possono aggiungere in cucina alla maionese, alle salse per il pesce o per la carne di maiale. Si usano anche nelle insalate, nei long drink analcolici, nei cocktail preparati con vino fresco e frizzante e nel tè. Grazie al suo aroma agrumato, la melissa è pure adatta alla preparazione di sacchetti profuma-biancheria e a rinfrescare la fragranza dei pot-pourri.

Erbe e benessere

• INFUSO PER DIGERIRE

1 g di sommità fiorite di melissa, 100 g di acqua.
Versare l'acqua bollente sulle sommità fiorite di melissa, lasciare in infusione 15 minuti e filtrare. Bere una tazza d'infuso caldo dopo i pasti risolverà così una digestione difficile.

• TISANA RILASSANTE

5 g di foglie fresche e 5 g di foglie secche di melissa, 200 g di acqua.
Infondere la melissa nell'acqua bollente e lasciarvela riposare per 15 minuti. Filtrare e dolcificare con miele una volta tiepida. Assumerla la sera o quando si ha bisogno di una tisana rilassante.

COLTIVIAMOLA COSÌ

La melissa si semina in primavera. Importante irrigare già dalla semina e per tutta l'estate. In vaso si utilizza del terriccio standard, avendo cura di far crescere al massimo due piantine in un contenitore largo 30 cm che dovrà essere collocato in un punto semiombreggiato del terrazzo, annaffiando con regolarità, ma evitando i ristagni d'acqua.

Raccolta e conservazione *Le foglie da utilizzare fresche si raccolgono sempre, mentre per la conservazione è meglio prima della fioritura, tra maggio e settembre. I fiori invece in giugno-luglio. Entrambi si essiccano all'ombra. La pianta deve conservare un lieve profumo allo sfregamento, e non deve ingiallire o annerire.*

CONSIGLI UTILI PER LA RACCOLTA E L'USO DELLE ERBE

1 *Evitare la raccolta di erbe non ben identificate o sconosciute, nonché quella ai bordi di strade molto transitate o in terreni contaminati da sostanze inquinanti. Nell'incertezza, la cosa migliore è procurarsi le erbe in erboristeria.*

2 Conservare le erbe in vasi di vetro scuro, evitando ambienti umidi e l'esposizione a fonti di luce e di calore.

3 *Vietata l'autoprescrizione di ricette e rimedi, se non ben documentata o verificata con un esperto.*

4 Evitare somministrazioni di lunga durata, se non espressamente consigliate da personale qualificato.

5 *Osservare la massima prudenza nell'uso di erbe in gravidanza, nell'allattamento e in caso di somministrazione ai bambini.*

6 Verificare la data di scadenza di erbe o preparati fitoterapici. Le erbe essiccate in casa durano circa un anno.

7 *Evitare la conservazione di preparati tipo decotto, infuso, o macerato in acqua, per un tempo superiore alle 24 ore.*

Un tempo si faceva così!

Negli antichi Almanacchi Barbanera – così come in quelli dei nostri giorni – non mancano i rimedi per i disturbi più comuni quali emicrania e raffreddore. Per la prima, l'Almanacco del 1887 assicurava "guarigione sicura" bagnando la fronte con "acqua di melissa o di tiglio" e alcune "gocce d'etere sopra un pezzetto di zucchero, o nella acqua di menta". Per il secondo invece, l'ideale sarebbe stato un infuso di orzo, liquirizia, altea, capelvenere e papaveri.

FAMIGLIA Labiate
HABITAT Asia centro-occidentale, Europa e Africa settentrionale
ALTITUDINE Fino a 1200 m

"L'ebbi su' miei ginocchi di silvano;
e nella sua saliva amarulenta
assaporai l'origano e la menta."

Gabriele D'Annunzio, *Alcyone*

menta

Mentha arvensis

Le varie specie di menta sono da secoli una presenza familiare in orti e giardini. Quando l'estate arriva e il caldo si fa sentire, la menta fiorisce e sfoggia i fitti fiorellini di un inimitabile rosa ceruleo. L'aroma acuto e selvatico allora si diffonde come richiamo e avvertimento. Nei tempi andati i medici lodavano la *Mentha pulegium*, o puleggio, per l'insufficienza epatica e le malattie della vista. **Inoltre...** *Nel Medioevo la Scuola Medica Salernitana la somministrava cotta nel vino insieme ai fichi, per combattere la tosse definita "fredda". E inoltre aggiungeva: "In caso di raffreddore, mettere sul capo un sacchetto pieno di Menta. Si abbia cura di riscaldare questo sacchetto e di applicarlo caldo".*

Le virtù

Nell'uso interno è antifermentativa e vermifuga, agisce in caso di svenimenti, vomiti di origine nervosa, nevralgie e tossi spasmodiche. Nell'uso esterno è efficace per contusioni, lividi e infiammazioni del seno. Il mentolo che contiene è un vasodilatatore per la mucosa nasale. In floriterapia il rimedio è utile a stimolare il pensiero e a destare l'attenzione.

Avvertenze

Il mentolo puro se ingerito è tossico: attenersi dunque alle indicazioni fornite. Evitare la menta durante l'allattamento, perché riduce la quantità di latte.

ALTRI USI IN CASA

Usi di ieri, usi di oggi!

L'utilizzo della menta in cucina è pressoché illimitato. Il suo aroma arricchisce molti piatti sia di carne che di pesce, ma viene anche usata nella preparazione di alcuni tra i più noti cocktail. Come la Caipiroska che si prepara tritando foglie di menta freschissime da unire a zucchero di canna, ghiaccio e fette di lime in un bicchiere. Si ultima con vodka ghiacciata.

Erbe e benessere

• INFUSO RILASSANTE

3 g di foglie di menta, 250 g di acqua.
Versare la menta nell'acqua bollente. Coprire il contenitore e lasciar riposare per 5 minuti. Filtrare. Assumerne due tazze al giorno servirà a rilassare i soggetti nervosi.

• TONICO RINFRESCANTE

10 g di foglie fresche di menta, 200 g di acqua.
Lasciare in infusione le foglie di menta nell'acqua bollente per 10 minuti. Filtrare e far raffreddare. Utilizzare il tonico per detergere e rinfrescare una pelle sensibile, arrossata dal sole o dal vento. Si consiglia di preparare l'infuso ogni volta che se ne avverte la necessità.

COLTIVIAMOLA COSÌ

La menta è un'infestante, pertanto è preferibile, invece di seminarla, procurarsi delle piantine da trapiantare in aprile dopo aver ben lavorato il terreno a 40 cm di profondità. Va annaffiata spesso evitando però i ristagni di acqua. In vaso, utilizzando un terriccio ricco di humus, trapiantare da aprile 2 piantine in un contenitore posto in luogo semiombreggiato.

Raccolta e conservazione *Ai fini dell'essiccazione, le foglie vanno colte prima della fioritura in giugno, mentre i fiori a luglio. Entrambi si essiccano in luoghi aerati, all'ombra e si conservano in vasi di vetro.*

FAMIGLIA Oleacee
HABITAT Zona mediterranea
ALTITUDINE Fino a 900 m

OLIVO

Olea europaea

Simbolo della civiltà mediterranea, è l'olivo a donarci uno degli alimenti più preziosi delle nostre tavole, l'olio. Senza dimenticare i molti significati che porta con sé. Nell'antica Grecia, otto giorni dopo la nascita di un bambino, si organizzava una festa e si appendeva alla porta di casa una corona di foglie d'olivo se maschio, un nastro di lana se femmina. I vincitori delle Olimpiadi venivano incoronati con ghirlande d'olivo. In Atene le spose indossavano ghirlande di foglie d'olivo per assicurarsi la fertilità.

Inoltre... *La leggenda attribuisce alla dea Atena, fondatrice di Atene, l'introduzione dell'olivo in Grecia, intorno al XVI secolo a.C., ma gli Egizi lo conoscevano forse da prima. Furono poi i Fenici a portarlo con le loro colonizzazioni, e quando fondarono Marsiglia, nelle regioni dell'attuale Provenza.*

Le virtù

Molte sono le proprietà curative dell'olivo, ricco, tra le altre cose, di antiossidanti forniti dalla vitamina E e dai polifenoli. Lassativo e vermifugo, nell'uso interno cura occlusioni intestinali, infiammazioni di vescica e reni, scioglie calcoli biliari e arresta emorragie. Ha funzione diuretica e antireumatica. Nell'uso esterno cura piaghe, emicrania e disturbi dell'orecchio. In floriterapia se ne consiglia il rimedio per la stanchezza dovuta a grandi sofferenze psichiche e fisiche.

“Bella d'olivo rigogliosa pianta
sorgea nel mio cortile, i rami larga
e grossa molto, di colonna in guisa.
Io di commesse pietre ad essa intorno
mi architettai la maritale stanza...”

Omero, *Odissea, Canto XXIII*

ALTRI USI IN CASA

Il piacere della semplicità

Olio e olive, alimenti base della dieta mediterranea, entrano in un'infinità di piatti e ricette. Ma per gustare appieno tutti i profumi dell'olio nuovo, quello che arriva sulle tavole tra ottobre e novembre, il modo migliore resta sempre la semplice bruschetta. Una fetta di pane abbrustolita sulla brace, aromatizzata con aglio e sale, e cosparsa di olio extravergine d'oliva regalerà sapori indimenticabili.

Erbe e benessere

• TINTURA PER L'IPERTENSIONE

20 g di foglie di olivo, 100 g di alcol a 20°.
Tenere al macero le foglie di olivo nell'alcol per 5 giorni, scuotendo spesso il contenitore. Filtrare e conservare la tintura in una bottiglia di vetro ben chiusa. Assumerne tre cucchiaini al giorno, lontano dai pasti.

• DECOTTO PER L'ACNE

5 g di foglie di olivo, 100 g di acqua.
Far bollire le foglie di olivo nell'acqua per 5 minuti. Lasciarle riposare per 10 minuti, poi filtrare. Usare il decotto per lavaggi o impacchi sulla pelle affetta da acne. Le proprietà astringenti dell'olivo aiuteranno a decongestinare la pelle e a cicatrizzare i brufoli.

COLTIVIAMOLO COSÌ

L'olivo si può anche seminare, ma è preferibile trapiantare, in autunno o fine inverno, una piantina di almeno 3 anni. Va messo a dimora in una buca di circa 70 cm, dopo aver lavorato e concimato il terreno con letame maturo. Va annaffiato per tutta l'estate, evitando i ristagni di acqua e limitando per i primi 2 anni la potatura alle cimature, ovvero l'eliminazione delle parti più alte dei rami. La coltivazione in vaso è sconsigliata perché non favorevole allo sviluppo.

Raccolta e conservazione *I frutti si raccolgono dalla fine di ottobre. Le foglie si essiccano all'ombra e si conservano in sacchetti di tela, da maggio.*

FAMIGLIA Urticacee
HABITAT Europa, Asia, America settentrionale, comune in Italia
ALTITUDINE Fino a 1800 m

"... Saggio davvero
quel detto d'Ermodoto:
L'uomo che è al verde, non digiuni,
ma butti alle ortiche la tunica."

Lucilio, *Cinici da strapazzo*

ortica

Urtica dioica

La "cattiva" fama di "pungente" precede questa antica erbacea spontanea, che cresce un po' ovunque. Il nome ortica infatti deriva da *urere*, che significa "bruciare", in riferimento all'acido urticante contenuto nella peluria di foglie e piccioli. Eppure l'ortica è una delle piante più importanti per la cura delle malattie. I Greci la raccoglievano e la mangiavano quando era ancora bassa e tenerella, mentre al tempo di Catullo, poeta latino del I secolo a.C., l'ortica era utilizzata contro tossi e raffreddori. **Inoltre...** *Victor Hugo, romanziere francese dell'Ottocento, lodò le sue virtù nel suo più famoso romanzo* I Miserabili. *Nel 1940, invece, si scoprì che l'ortica, coltivata tra le piante medicinali, ne aumentava il livello degli oli essenziali, impedendo l'alterazione del succo delle piante stesse.*

Le virtù

L'ortica è per i suoi effetti curativi una delle erbe "semplici" più importanti. Diuretica, antiartritica, antidiabetica, depurativa di sangue, pelle e fegato, è un forte emostatico e antianemico. Scioglie calcoli biliari, cura incontinenza urinaria infantile e debilitazione. Nell'uso esterno è indicata contro la caduta dei capelli e i dolori della sciatica. In floriterapia il rimedio è consigliato a chi conosce poco di sé e ha difficoltà, temendo gli altri, a stabilire rapporti scorrevoli.

ALTRI USI IN CASA

Un lato nascosto

Lavata e tagliata, l'ortica è un ottimo ingrediente anche in cucina. È buonissima ad esempio nei risotti e nelle minestre o bollita e ripassata in padella, come le altre "erbe di campagna". In Liguria si consuma in frittata: basterà mischiare due pugni di ortica lessata a 6 uova sbattute, con prosciutto cotto a dadini, 2 cucchiai di parmigiano, pinoli e origano.

Erbe e benessere

• DECOTTO DEPURATIVO

3 g di foglie di ortica, 100 g di acqua.
Far bollire l'ortica nell'acqua per 5 minuti, far riposare per 10 minuti e poi filtrare. Bere due tazzine di decotto al giorno lontano dai pasti.

• SHAMPOO PER CAPELLI GRASSI

5 g di foglie di ortica, 1 cucchiaio di sapone di Marsiglia a scaglie, 150 g di acqua.
Lasciare in infusione l'ortica nell'acqua bollente per 20 minuti. Filtrare e aggiungere il sapone fatto fondere precedentemente con poca acqua tiepida, a bagnomaria. Mescolare energicamente il composto e utilizzarlo come shampoo per capelli grassi con forfora.

COLTIVIAMOLA COSÌ

Pur essendo un'erba spontanea, l'ortica si può coltivare. La semina va effettuata in aprile in terreno lavorato a 30 cm di profondità. I semi vanno ricoperti con un sottile strato di terra e annaffiati con continuità per garantire un certo grado di umidità. In vaso si semina ad aprile, in un contenitore di 30 cm di diametro, con aggiunta di humus e torba per mantenere l'umidità.

Raccolta e conservazione *La pianta va raccolta da giugno, essiccata all'ombra e conservata in vasi di vetro. La radice si raccoglie invece a settembre, va essiccata al sole e conservata anch'essa in vasi di vetro.*

FAMIGLIA Papaveracee
HABITAT Zone temperate dell'Europa e dell'Asia
ALTITUDINE Fino a 1950 m

" Api, fulve ospiti degli alveari,
su via rivolate a pascere le ruvide
punte dell'acre timo,
o del papavero i petali... "

Diodoro Siculo, *Sic vos non vobis*

Papavero

Papaver rhoeas

Con i suoi grandi fiori e gli steli ricoperti di leggera peluria, il papavero è specie annuale che raggiunge anche il metro di altezza.
Il termine papavero sembra derivi dal sanscrito – antica lingua sacra indiana – *papavara* con il significato di "succo pernicioso", che si adatterebbe al bianco papavero orientale da cui si ricava l'oppio. Si narra che Esculapio, mitico medico del mondo greco antico, lo utilizzasse per curare i mali della mente. Paracelso, medico del Rinascimento, lo usava in forma di tintura di oppio.
Inoltre... *Pare che i Sumeri, cinquemila anni fa, ne conoscessero l'azione narcotica, mentre i Greci antichi usavano rappresentare la Morte e la Notte coronate di Papaveri. Per la mitologia orientale, il papavero nasce direttamente dalle palpebre del Buddha, che se le era recise per resistere al sonno.*

Le virtù

A tutti noto per le sue proprietà calmanti e soporifere, il papavero ha tra i suoi effetti più importanti e forse meno conosciuti quello di pianta decongestionante, espettorante, sudorifera e benefica per la tosse stizzosa.
È inoltre un valido antirughe. Nell'uso esterno rende la pelle morbida e fresca. In floriterapia se ne consiglia il rimedio per curare chi ha bisogno di maggior forza d'animo e sicurezza e a chi cerca, nei viaggi e nelle esperienze spirituali, una più profonda elevazione.

ALTRI USI IN CASA

Dai semi alle foglie

I semi di papavero, ricchi di calcio e vitamina E, sono un'ottima fonte di grassi e proteine, ottimi da utilizzare in cucina. Essiccati e cosparsi sul pane prima che venga infornato, gli donano un ottimo aroma nocciolato. Aggiunti al curry, ne aumentano la fragranza, mentre invece le foglie di papavero (200 g), unite ai pomodorini, sono ottime per preparare frittate.

Erbe e benessere

Avvertenze

Dosi elevate possono causare intossicazioni pericolose specie nei bambini. Attenersi perciò scrupolosamente alle quantità indicate.

• INFUSO PER DORMIRE

5 g di petali di papavero, 250 g di acqua.
Lasciare in infusione il papavero nell'acqua bollente per 5 minuti, filtrare e bere fino a cinque cucchiai di infuso la sera. L'effetto sedativo della pianta concilierà il sonno. Per i bambini la dose sarà di due o tre cucchiaini.

• INFUSO PER GLI OCCHI ARROSSATI

2 g di petali di papavero, 100 g di acqua.
Lasciare in infusione i fiori di papavero nell'acqua bollente per 5 minuti. Filtrare e utilizzare compresse imbevute dell'infuso tiepido per impacchi dall'effetto sfiammante.

COLTIVIAMOLO COSÌ

La semina si effettua a marzo, in posizione soleggiata e riparata dal vento, dopo aver lavorato il terreno a 20 cm di profondità. I semi si ricoprono con un sottile strato di terra e si annaffiano sino alla fioritura. In vaso i papaveri si seminano a marzo, in modo da avere 3-4 piante in un contenitore di 30 cm di diametro.

Raccolta e conservazione *I fiori vanno raccolti a maggio e si essiccano distesi su fogli di carta all'ombra, in luogo caldo e asciutto. Poi si conservano in contenitori di vetro. I semi si raccolgono a luglio, si essiccano al sole e si mantengono sempre in vasi di vetro.*

FAMIGLIA Plantaginacee
HABITAT Regioni dell'Europa e dell'Asia
ALTITUDINE Fino a 1500 m

PIANTAGGINE

Plantago major

Pianta erbacea spontanea, la piantaggine è conosciuta anche come "lingua di cane". Cresce ovunque e resiste bene al calpestìo, alla siccità e alle gelate. Dalla rosa delle foglie, emette steli al culmine dei quali si trova una spiga di minutissimi fiori che si presentano da aprile a novembre. Fu molto apprezzata nel Medioevo dalla Scuola Medica Salernitana che ne segnalava un gran numero di virtù. In particolare degna di nota quella che aiuta a "eliminare ogni tipo di durezza del corpo".

Inoltre... *La piantaggine era denominata anche "centonervi", e ciò non solo per le nervature delle foglie, ma anche per le proprietà ricostituenti e stabilizzanti del sistema nervoso. I Pellerossa la chiamarono "orma d'uomo bianco", poiché la videro comparire nei loro territori con l'avanzare dei bianchi.*

Le virtù

Per via dell'alto contenuto di vitamine A, C e K, molti sono gli impieghi erboristici della piantaggine. Nell'uso interno sigilla i tessuti, frena le secrezioni e svolge azione calmante. Cura i disturbi intestinali, depura il sangue, ed è espettorante e ricostituente. Nell'uso esterno è un efficace rimedio per infiammazioni degli occhi, ulcere varicose, scottature, dermatosi, punture d'insetti. In floriterapia se ne consiglia l'uso a chi ha bisogno di recuperare forza e sicurezza interiore.

"Se veniva lor fatto di trovare in qualche recesso una covata di piantaggine ancor verde, se la mangiavano allessata..."

Caterina Percoto, *Racconti*

ALTRI USI IN CASA

Insieme per un anno!

Le foglie della piantaggine, se colte ancora tenere, sono ottime basi per elaborare una gustosa insalata, da arricchire sia con ingredienti freschi ed estivi, che con formaggi o affettati cotti, dal sapore più autunnale: si possono difatti cogliere per oltre 10 mesi l'anno. I semi sono invece molto amati dagli uccelli: una bella scorta sul davanzale li attirerà rendendo allegra anche la mattinata più grigia.

Erbe e benessere

• INFUSO PER IL RAFFREDDORE

3 g di foglie di piantaggine, 3 g di foglie di farfara, 15 g di radice di liquirizia, 300 g di acqua.
Versare le erbe nell'acqua bollente. Coprire il contenitore e lasciare in infusione per 20 minuti. Filtrare e bere una tazza dell'infuso in caso di raffreddore.

• UNGUENTO PER SCOTTATURE SOLARI

100 g di foglie fresche di piantaggine, 90 g di olio di oliva.
Inserire le foglie fresche tra 2 garze e batterle con la parte non tagliente di un coltello. Raccogliere il succo. Mescolarlo con olio d'oliva. L'unguento è ottimo per le scottature da sole.

COLTIVIAMOLA COSÌ

Pianta spontanea che si trova con facilità nei prati, volendo si può seminare ad aprile dopo aver lavorato il terreno a 30 cm di profondità, per poi annaffiarla regolarmente evitando i ristagni d'acqua. In vaso si semina sempre da aprile tenendo presente che ogni contenitore, di almeno 30 cm di diametro, deve ospitare massimo 2 piante, avere un terriccio ricco di humus ed essere esposto al sole.

Raccolta e conservazione *Per l'essiccazione si raccolgono foglie e semifoglie a partire da giugno, mentre i semi si ottengono tagliando le spighe ad agosto. Le foglie si essiccano all'ombra, le spighe vanno battute per separare i semi. Si conservano in vasi di vetro.*

PINO

Pinus sylvestris

FAMIGLIA Pinacee
HABITAT Europa e Asia settentrionale
ALTITUDINE Da 100 a 1800 m

Raccolti già in epoca preistorica, i semi del pino, ovvero i pinoli, vennero tenuti nei secoli successivi in grande considerazione, sia per il gradevole sapore sia per le proprietà nutrienti e medicinali. Si mangiavano da soli, freschi, oppure tostati con l'aggiunta di anice e uvetta per prevenire difficoltà digestive. Galeno, medico greco del II secolo d.C., affermava infatti che fossero alimento indigesto, anche se molto nutriente. Nel XVI secolo fu poi Castore Durante a suggerire di farli bollire a lungo perché "nutrono assai bene... sono buoni nei tempi freddi per i vecchi, ma col miele... e per i giovani canditi con lo zucchero."

Inoltre... *Un tempo in Lapponia la parte più interna del tronco del pino, quella subito dopo la corteccia resinosa, veniva essiccata e macinata. Se ne otteneva una farina da impastare con l'acqua per preparare gallette dalla lunga durata.*

Le virtù

Apprezzato già dai Sumeri, nell'uso interno il pino ha virtù espettoranti nelle malattie bronchiali, agisce contro pleurite, asma, cistite, uretrite. Nell'uso esterno è efficace in caso di nevralgie, sciatica e infiammazioni della gola. In floriterapia aiuta a combattere il senso di inferiorità e quello di colpa, alimentando l'autostima.

"... Sarà un cielo chiaro.
S'apriranno le strade sul colle
di pini e di pietra."

Cesare Pavese, *Passerò per Piazza di Spagna*

ALTRI USI IN CASA

Dal bosco alla bottiglia!

Originario di zone montane dove con le erbe spontanee si aromatizzano i liquori, il pino silvestre entra nella preparazione di un'ottima grappa dalle proprietà digestive. Si macerano al sole per 6 settimane 20 gemme di pino in 1 litro di grappa secca e 200 g di zucchero. Trascorso il tempo, si filtra e si imbottiglia la grappa.

Erbe e benessere

• DECOTTO BALSAMICO

30 g di gemme di pino, 1 l di acqua.

Far bollire per 2 minuti le gemme di pino nell'acqua. Lasciarle riposare per 20 minuti. Filtrare. Prendere ogni 2 ore un cucchiaio del decotto. Si otterrà un benefico rimedio per catarro, raffreddore e influenza.

• BAGNO TONIFICANTE

300 g di aghi e gemme di pino, 3 l di acqua.

Preparare un decotto facendo bollire il pino nell'acqua per 5 minuti. Filtrare e versare nell'acqua del bagno. Restare immersi per almeno 15 minuti. Il bagno tonificante è molto indicato per bambini deboli, convalescenti, e sportivi che combatteranno l'irrigidimento dei muscoli causato dallo sforzo.

COLTIVIAMOLO COSÌ

Tutto si può fare, anche seminare un pino. Ma il consiglio è acquistare in un vivaio una piantina di almeno 4-5 anni con relativa zolla di terra da trapiantare in marzo con la Luna crescente. L'albero si interra in una buca di 1 mc con ghiaia sul fondo per favorire il drenaggio, oltre a 3 kg di letame maturo e ½ kg di concime complesso azoto-fosfo-potassico. Annaffiare sino alla fine dell'estate.

Raccolta e conservazione *La raccolta degli aghi si fa da aprile a settembre, delle gemme a febbraio-marzo. Per la conservazione gemme e aghi si essiccano un mese al sole, per poi riporli in vasi di porcellana.*

Famiglia Ombrellifere
Habitat Fascia mediterranea
Altitudine Fino a 1500 m

“ Poi quattro limpide fontane
in fila fluivano, vicine tra loro,
rivolte in direzioni diverse.
Intorno fiorivano morbidi prati
di viole e di prezzemolo... ”

Omero, *Odissea, Libro V*

Prezzemolo

Petroselinum hortense

Il suo nome botanico, derivato dal greco, significa probabilmente "sedano di roccia", a indicare il terreno che il prezzemolo preferisce, almeno allo stato selvatico. Nell'antichità classica era usato per moderare i bruciori di stomaco. Si credeva inoltre che stimolasse fantasia e creatività.
Con il passare dei secoli il prezzemolo è sempre più entrato nei medicamenti e nelle pratiche magiche; di qui il generarsi di insolite credenze: piantato secondo un preciso rito, si riteneva che favorisse le nascite.
Inoltre... *Nell'antica Grecia il prezzemolo era pianta sacra a Ermes, Mercurio per i Romani, signore dei Gemelli. Era pertanto ritenuto in grado di dare capacità analitica e ricchezza di pensiero. Nel Medioevo era inoltre considerato antidoto ai veleni.*

Le virtù

Il prezzemolo è efficace nell'uso interno per ritenzione idrica, ingorghi addominali, itterizia. Espettorante e febbrifugo, regola i mestrui, stimola il sistema nervoso e le fibre muscolari. Nell'uso esterno calma il dolore delle punture d'insetti.

Avvertenze

Foglie e radici di prezzemolo vanno usate con cautela in gravidanza e dalle persone con disturbi renali. I semi contengono sostanze che eccitano le fibre muscolari lisce dell'utero, dosi elevate possono quindi provocare l'aborto e risultare tossiche.

ALTRI USI IN CASA

Un "odore" tuttofare

Ancora oggi si usa definire un tipo impiccione "prezzemolo d'ogni minestra!". L'utilizzo del prezzemolo in cucina difatti è talmente ampio da esser divenuto proverbiale. Va aggiunto a insalate, minestre, frittate, carni e pesci variamente preparati. Insieme ad aglio tritato, sale e burro, diventa la base per il più gustoso dei panini farciti.

Erbe e benessere

• INFUSO PER L'IPERTENSIONE

10 g di foglie di prezzemolo, 300 g di acqua.
Lasciare in infusione le foglie di prezzemolo nell'acqua bollente per 10 minuti, quindi filtrare. Si otterrà un gradevole infuso dalle proprietà diuretiche, utile a regolarizzare la pressione alta, da assumere nella dose di tre tazze al giorno lontano dai pasti.

•INFUSO PER DEPURARE

10 g di radice di prezzemolo, 500 g di acqua.
Lasciare in infusione il prezzemolo nell'acqua bollente per 10 minuti. Filtrare. Bere tre tazzine al giorno dell'infuso, lontano dai pasti. Sarà utile come depurativo del fegato.

COLTIVIAMOLO COSÌ

Il prezzemolo preferisce il terreno ricco e ben drenato: si semina in marzo dopo aver lavorato e concimato il terreno, ricoprendo i semi con un sottile strato che andrà tenuto sempre umido. Le piantine vanno annaffiate con regolarità. Se coltivato in vaso, il prezzemolo va esposto in posizione soleggiata e messo al riparo in inverno.
Raccolta e conservazione *Si utilizzano le foglie, le radici e i semi, che si raccolgono rispettivamente da aprile a novembre, a ottobre-novembre e in agosto. Le foglie si conservano surgelate, le radici tagliate a pezzi e i semi si essiccano all'ombra e si mettono in vasi di vetro.*

Famiglia Rosacee
Habitat Europa
Altitudine Fino a 1500 m

rosa canina

Rosa canina

Il suo fiore delicato non farebbe certo immaginare che la rosa canina è fra le piante più longeve note all'uomo: in un convento tedesco è conservato addirittura un esemplare che si ritiene sia stato piantato dal figlio di Carlo Magno intorno alla metà del IX secolo d.C. La pianta fu destinata a vari usi già nei tempi antichi, che videro i Persiani utilizzarla per sciogliere i calcoli e diminuire le mestruazioni troppo abbondanti. Era anche raccomandata nei casi di rabbia, a cui appunto è legato il nome. **Inoltre...** *Probabilmente fu proprio per la sua longevità e indistruttibilità che alla fine del Quattrocento la rosa canina fu scelta da Enrico VII d'Inghilterra, abbinando i petali della rosa rossa dei Lancaster e della rosa bianca di York, quale emblema del proprio casato, quello dei Tudor.*

Le virtù

In fitoterapia la rosa canina viene soprattutto utilizzata come vitaminizzante e ricostituente. Nell'uso interno è utile contro depressione, angoscia, palpitazioni e risulta efficace in caso di diarrea e malattie intestinali. Come rimedio esterno è tonificante e astringente, lenisce affezioni della gola e foruncoli. Per la floriterapia, questo rimedio libera dall'apatia e dall'indifferenza, sollecitando l'individuo a vivere intensamente le emozioni del tempo presente.

“ Splendeva l'aurora, delicatamente violacea: pareva che tutte le rose canine di Monte Alvo si fossero fuse laggiù... ”

Grazia Deledda, *San Francesco*

Erbe e benessere

• TISANA VITAMINIZZANTE

30 g di frutti freschi di rosa canina puliti, 20 g di fiori di karkadè, 30 g di fiori di verbena, 20 g di foglie di salvia.

Mescolare le varie erbe e conservarle in un contenitore, lontano dalla luce e da fonti di calore. Prendere un cucchiaino della miscela e versarla in una tazza di acqua bollente. Lasciarla in infusione per 5 minuti. Filtrare e bere la tisana quando si ha bisogno di una bevanda vitaminica, rinfrescante e digestiva.

• INFUSO PER L'INTESTINO

5 g di foglie di rosa canina, 300 g di acqua.

Lasciare in infusione le foglie nell'acqua bollente per 5 minuti, poi filtrare. Tre tazze d'infuso al giorno, bevute lontano dai pasti, agiranno come blando astringente intestinale.

ALTRI USI IN CASA

Proprio come il miele

Per avere un finto miele dal fantastico colore, si provi a riempire una pentola di petali di rosa canina pigiandoli il più possibile. Aggiungere 1 litro d'acqua e un limone tagliato a spicchi da far bollire insieme per 10 minuti, filtrare e strizzare perfettamente. Riportare il composto sul fuoco, aggiungere 700 g di zucchero e far bollire fino a quando lo sciroppo non diventerà denso.

COLTIVIAMOLA COSÌ

La rosa canina si semina in primavera e richiede vari mesi per la germinazione. Conviene pertanto trapiantare in marzo una piantina del vivaio, annaffiando poi fino al termine dell'estate. In vaso, mettere a dimora una piantina con del terriccio ricco di humus ed esporla al sole.

Raccolta e conservazione *I fiori si raccolgono a maggio-giugno e le foglie a giugno-luglio: si essiccano all'ombra e si conservano in sacchetti di carta. I frutti vanno raccolti in settembre-ottobre, seccati e riposti in contenitori di vetro.*

Famiglia Labiate
Habitat Fascia mediterranea
Altitudine Fino a 800 m

rosmarino

Rosmarinus officinalis

Pianta mediterranea per eccellenza, il rosmarino evoca profumi familiari: nell'orto e in cucina è presenza immancabile. Gli antichi non avevano dubbi e attribuivano il suo nome alla voce latina *ros maris*, "rugiada del mare". I Greci lo chiamavano anche *anthos*, il "fiore" per antonomasia, bruciato al posto dell'incenso per onorare gli dei e assicurarsi l'immortalità. Senza dimenticare che oltre alle virtù indicate da medici e trattatisti, tra cui Dioscoride e Plinio il Vecchio (I secolo d.C.), in assenza di altri metodi di conservazione, si avvolgevano le carni con foglie di rosmarino. **Inoltre...** *Caterina Sforza nel suo* Experimenti, *considerato il primo trattato di cosmesi del Rinascimento, nell'elencare ricette di creme e profumi che secondo la moda dell'epoca dovevano rendere chiara la pelle del viso, consiglia l'uso del rosmarino come ingrediente dell'"Acqua Celeste".*

Le virtù

Le benefiche proprietà del rosmarino lo rendono pianta di straordinaria efficacia terapeutica. Antisettico, antiparassitario e antibatterico, è molto utile in caso di malattie infettive. È un ottimo tonico del sistema nervoso, aiuta chi è depresso stimolandone l'attività. Nell'uso interno è anche digestivo, seda contrazioni e gas intestinali, facilita la secrezione biliare e placa la tosse. Nell'uso esterno, invece, tonifica la pelle, contrasta acne, dolori muscolari e reumatismi.

"... Asciugatevi le lacrime,
e cospargete di rosmarino
questa salma bella; ..."

William Shakespeare, *Romeo e Giulietta*

ALTRI USI IN CASA

Un uso imprevisto!

L'insostituibile fragranza del rosmarino, diffusissima erba aromatica che arricchisce le carni o le pizze bianche a base di pasta lievitata, è apprezzata ormai ovunque. Del tutto inusuale, è invece l'uso di pestarlo insieme a dello zucchero grezzo per utilizzarlo come dolcificante in passate di frutta fresca. Se ne otterrà così un dessert leggero e delicato, adatto ai palati più raffinati.

Erbe e benessere

• LAVAGGI PURIFICANTI

5 g di foglie di rosmarino, 100 g di acqua.

Infondere le foglie in acqua bollente per 10 minuti. Filtrare il preparato e usarlo per detergere le ferite infette, per effettuare sciacqui in caso di gengive infiammate e per gargarismi contro le afte.

• OLIO DELL'ETERNA GIOVINEZZA

2 g di olio essenziale di rosmarino, 50 g di olio di mandorle dolci.

Per preparare questo unguento che ridà tono ai tessuti di viso e collo, emulsionare l'olio essenziale con l'olio di mandorle e massaggiare a lungo le zone interessate. Usare una volta alla settimana, di sera, dopo aver pulito la pelle con il vapore aromatico.

COLTIVIAMOLO COSÌ

Il rosmarino prospera in qualsiasi terreno ben drenato. La coltura, però, risulta più facile trapiantando ad aprile una piantina in una buca di 30 cm, in posizione soleggiata. Va annaffiata sino alla fine dell'estate. In vaso basterà trapiantare una piantina in un contenitore di almeno 50 cm di diametro con del terriccio standard e porla al sole. Nei mesi più freddi sarà bene rimettere il vaso al coperto.

Raccolta e conservazione *Le foglie si raccolgono per l'uso fresco tutto l'anno. I fiori, raccolti a primavera, si essiccano all'ombra e si conservano in vaso. I rametti per essere essiccati vanno tagliati in estate.*

Un tempo si faceva così!

Il *Tesoro di rimedi in sollievo della vita* era una delle rubriche dell'Almanacco Barbanera del 1895. "Il Vino cordiale, mosto unito con borraggine o melissa, toglie la malinconia, il tremor di cuore e purifica il sangue; infine, il Miracoloso vino di rosmarino è efficace contro un'infinità di mali e stati non 'appropriati', tra cui alito cattivo, caduta di capelli. Difende da qualunque altro pestilenzial morbo, leva la malinconia e conforta il cuore."

Creativi di natura

È semplice e divertente preparare candele profumate per serate particolari, magari servendosi di "contenitori naturali". La cera, d'api o di paraffina, può infatti essere colata in agrumi svuotati o in ortaggi, come le zucche decorative. Prendendo ad esempio un'arancia, si procederà a svuotarla praticando un'apertura nella parte superiore del frutto. Si provvederà quindi a inserirvi lo stoppino legandolo a una matita da appoggiare ai due lati dell'apertura, in modo che lo stoppino ricada all'interno dell'arancia. In un pentolino si fonderà la cera, a cui si mescolerà l'essenza di arancia amara. Si verserà poi il liquido nel contenitore e quando si sarà solidificato si slegherà il bastoncino. Anziché arancia amara, potete aggiungere alla cera l'essenza di rosmarino, lavanda o menta.

Famiglia Labiate
Habitat Fascia mediterranea
Altitudine Fino a 300 m

"... al gran cesto della salvia rivolto, di quella colse una foglia, e con essa si cominciò a stropicciare i denti e le gengive..."

Giovanni Boccaccio, *Decamerone*

Salvia

Salvia officinalis

Con il suo profumo balsamico, potente e rude, possiede virtù impareggiabili. Antica presenza in giardini e orti dell'area mediterranea, la salvia sfoggia in tempo di fioritura petali di un colore tra l'azzurro e il violetto, dalla forma barocca. Pianta da sempre amica dell'uomo, deriva il suo nome da *salvus*, "sano" e *salus*, "salute": si dice infatti che "non c'è morbo che ella non curi". Anche gli Indiani del Nord America conoscevano e usavano la salvia come preziosa medicina dall'effetto purificatore.

Inoltre... *La Scuola Medica Salernitana sosteneva che giovasse nei casi di paralisi e negli attacchi epilettici; perciò la consigliava somministrata in un vino in cui fosse stata precedentemente cotta. Agrippa la chiamò "erba sacra", secondo alcuni sembra che avesse, invece, il potere di scacciare gli incubi.*

Le virtù

Nota purificatrice, la salvia ci viene in aiuto nelle digestioni difficili e nei problemi di alitosi. È in grado di curare il sistema nervoso e le sindromi mestruali dolorose. Nell'uso esterno ha effetto calmante ed emolliente, ma non è indicata per le donne che allattano. In floriterapia se ne consiglia il rimedio a coloro che hanno bisogno di maggiore concentrazione.

Avvertenze

Se assunta in grandi quantità, la salvia può essere tossica. Si raccomanda quindi di attenersi alle quantità indicate.

ALTRI USI IN CASA

Dal giardino all'armadio

Questa benefica pianta può tornare utile in molti modi diversi. Le foglie essiccate, poste tra lenzuola o abiti, tengono lontani insetti indesiderati; se bruciate invece, creano una fumosità che neutralizza gli odori più ostinati della cucina e degli animali domestici. Il suo straordinario effetto riposante la rende inoltre adatta alla realizzazione di aiuole.

Erbe e *benessere*

• INFUSO PER LA SUDORAZIONE ECCESSIVA

1 g di foglie di salvia, 100 g di acqua, 1 cucchiaino di miele, 1 scorzetta di limone.
Lasciare in infusione la salvia e la scorza di limone nell'acqua bollente per 5 minuti. Filtrare, dolcificare con il miele e bere una tazzina di infuso lontano dai pasti. Ridurrà l'eccessiva sudorazione.

• INFUSO PER LA FORFORA

3 g di foglie di salvia, 500 g di acqua.
Infondere le foglie di salvia nell'acqua bollente per 30 minuti, lasciar intiepidire e filtrare. Utilizzare l'infuso per sciacquare i capelli: restituirà loro lucentezza e combatterà la forfora.

COLTIVIAMOLA COSÌ

La salvia chiede terra leggera, calda e preferibilmente calcarea. Si semina da aprile a settembre, nel terreno a 50 cm di profondità. Dopo la semina si deve spargere della sabbia, rullare e annaffiare per tutta l'estate. Nel suo primo inverno di vita va coperta con della paglia. Questa pianta si presta bene anche alla coltivazione in vaso, basta concimarla una volta al mese e annaffiarla regolarmente.

Raccolta e conservazione *Le foglie da conservare si raccolgono prima della fioritura. Si essiccano sospese in mazzetti all'asciutto e all'ombra e si conservano a lungo se poste in sacchetti di tela in luogo non umido.*

I "semplici" di Barbanera

"... Togli foglie di verbena e falle bollire in buon vin bianco e generoso, e di questo vino bevi e di questa erba mettine nella minestra, e sempre starai allegro."

Un rimedio semplice, naturale, per fugare la "melanconia"! Lo consigliava Barbanera, il celebre astronomo, astrologo, filosofo di Foligno, nell'omonimo Almanacco dell'anno 1895. Osservatore del cielo, della natura e dell'umano destino, ben conosceva virtù e usi di piante, frutti e ortaggi, di erbe spontanee o coltivate, aromatiche e officinali. Il suo è un sapere tramandato nei secoli, sempre più arricchito e aggiornato: decotti, infusi, oli, rimedi naturali per i disturbi di stagione, contro le infiammazioni, per fare "il viso bello" oppure per il buonumore, in prosa o anche in versi:

"Chè medicina è l'uva ancor zitella,
Nè sol la gotta vince e la renella,
Ma fa di più scolar da le budella
Qualunque umor si vizia e ti martella."

Almanacco Barbanera 1883

Un tempo si faceva così!

Se oggi la natura è bene prezioso, amato – non sempre rispettato – , altre epoche non l'hanno considerata così. Era natura matrigna quella che nel XVII secolo portava cataclismi, carestie, povertà. Il "naturalismo" invece rinasce con il "rumore" del progresso. Si cerca la forza risanatrice delle piante, la freschezza dell'ombra, il profumo e il colore dei fiori. Ciclicamente ritorna l'amore per le erbe, ricerca di ciò che rimane imperturbabile, buona speranza di un mondo nuovo sedimentato tra i rami, i colori, il verde di un ambiente sano.

COLTIVARE, RACCOGLIERE, CONSERVARE LE ERBE

Nell'orto, nel giardino e sul balcone. Coltivare le erbe aromatiche e officinali, per preparare tisane, cucinare, impreziosire gli ambienti che più amiamo. Scoprire il piacere di raccoglierle ed essiccarle, di creare un piccolo angolo verde in modo "salutare", utile e dilettevole.

Dal seme alla pianta. Quando, come e cosa fare

Poche ma importanti indicazioni per coltivare con facilità le piante officinali, per raccoglierle, essiccarle e utilizzarle. Senza dimenticare, come ricorda Barbanera, di farsi aiutare dalla Luna!

Buono a sapersi

Per la gran parte di origine mediterranea, le erbe aromatiche e officinali sono semplici da coltivare sia in terra che in vaso. Amano posizioni soleggiate e terreno fertile, organico, ben drenato e poco argilloso, perché soffrono infatti i ristagni d'acqua, ma sanno adattarsi anche a condizioni meno favorevoli. In generale sarà comunque bene scegliere uno spazio delimitato, protetto da un muro o da una siepe, dove preparare il terreno con un'accurata lavorazione e concimazione. Pur se poco esigenti, bisognerà annaffiarle, concimarle in primavera e cimarle periodicamente, perché mantengano un portamento compatto. In generale, trattandosi per lo più di piante rustiche, resistono bene sia al freddo dell'inverno che al caldo e alla siccità dell'estate. Difficilmente vengono attaccate da parassiti e malattie.

L'idea di realizzare un giardino di erbe affascina. A volte basta infatti solo il nome – lavanda, menta, camomilla, elicriso – per richiamare alla mente profumi, colori e atmosfere spesso dimenticati. Nella nostra tradizione, poi, è la stessa idea di giardino a legarsi a queste piante, a partire dagli antichi monasteri medievali in un insieme di bellezza e utilità. Probabile allora che disponendo di un giardino o di un terrazzo, si abbia già la classica bordura di lavanda, o il cespuglio di salvia e quello di rosmarino. Ma esperti o "novizi", si può cominciare con una piccola superficie, un'aiuola o un vaso sul balcone. Per avere erbe freschissime o essiccate in cucina, o per tisane e decotti per i piccoli disturbi di stagione, o magari per un profumato bagno rilassante.

Si parte da qui

Dal seme. Prima di effettuare la semina, il terreno si lavora a una profondità tra i 30 e i 40 cm e si concima con letame maturo. Il periodo ideale è l'autunno, mentre semine e trapianti si effettuano in primavera. Al momento di seminare, importante è l'affinamento del terreno in superficie, per poi ricoprirvi, con un sottile strato, i semi posti ad una profondità variabile da 1 a 5 cm a seconda della grandezza: più sono piccoli e più sarà necessario, per la germinazione, che siano in superficie. Si annaffia con regolarità per tutta la fase della crescita, evitando i ristagni d'acqua che potrebbero far marcire i semi. Importante anche eliminare le erbe infestanti che soffocano le radici e sottraggono elementi nutritivi.

Durante la crescita

Al fine di garantire uno sviluppo armonico alle piante, non bisogna superarne una certa quantità al mq, variabile a seconda delle specie. Una volta germinate si devono quindi diradare, trapiantando altrove quelle di troppo. Le specie perenni più vecchie dovranno inoltre essere affiancate da esemplari giovani, in modo da poterle avere sempre a disposizione. All'inizio dell'autunno, quando la stagione vegetativa è per la gran parte ormai conclusa, si estirpano le annuali morte, si pota e si pacciama, ovvero si ricopre con paglia e foglie la base delle erbe per proteggerle dal freddo. Le specie invece che non tollerano le basse temperature, e che proprio per questo è bene coltivare in vaso, si rimettono in un luogo riparato.

Tempo di raccolte!

L'orto era la farmacia della casa, del palazzo, del convento: le erbe venivano coltivate, raccolte e utilizzate fresche, oppure essiccate. Sistemi validi ancora oggi. Ma quando la pianta è cresciuta, cosa fare? Nulla di particolare se si usa fresca. Se invece si essicca, bisogna rispettare il "tempo balsamico" in cui sono al massimo le proprietà aromatico-medicinali. Questo tempo varia da pianta a pianta e per le sue diverse parti. Per foglie e fiori coincide con l'inizio della fioritura, o con la pianta fiorita almeno per la metà. I frutti e i semi si raccolgono invece quando sono maturi. Radici, rizomi, tuberi e bulbi al termine del periodo vegetativo, in autunno o a fine inverno. Altra regola è non raccogliere la pianta se è bagnata: l'umidità causa deterioramento. Il momento migliore è al mattino, oppure verso il tramonto. Le parti da conservare non si lavano, si possono però strofinare con un panno umido.

Come essiccare

È un procedimento da effettuare in diversi modi, ma secondo regole ben precise, quali la scelta di un locale asciutto, aerato e con poca luce, tipo soffitta o porticato, e con una temperatura di 20-30 °C. Essiccando al sole, evitare un'esposizione troppo prolungata per non alterare i principi attivi, mentre se si usano i forni non superare i 30-35 °C per le parti aeree e i 50-60 °C per le radici. Il tempo di essiccazione varia: radici, fusti e cortecce richiedono dai 15 ai 20 giorni, le foglie dagli 8 ai 10 giorni, i fiori dai 3 ai 4 giorni. Le radici devono essere ben pulite e in pezzi di circa 4-5 cm. Fusti e steli con foglie e fiori si raccolgono in fasci da appendere a testa in giù in luogo aerato e ombroso, oppure si stendono su graticci in strati sottili di 3-4 cm, rigirandoli periodicamente perché essicchino in modo uniforme.

Al ritmo della Luna

Prima di seminare l'orto o il giardino, un'occhiata al cielo ci dirà se la Luna è quella giusta.

Pratica antica e mai decaduta, radicata nella storia del Barbanera e dei suoi storici lunari, coinvolge anche le piante officinali. Coltivarle al ritmo della Luna significa in genere fare semine e trapianti con la fase crescente per quelle che crescono in superficie e si allargano, in fase calante per quelle che si sviluppano sottoterra. La raccolta si effettua invece in Luna crescente per le parti aeree, perché in quel momento più ricche di linfa, mentre per frutti e radici in Luna calante, quando i succhi si ritirano verso la radice. Le foglie possono essere raccolte quasi tutto l'anno, meglio al mattino e in Luna crescente, tra la Luna Nuova e il Plenilunio. Unica eccezione l'ortica che va raccolta in Luna calante. I fiori si raccolgono in Luna crescente in primavera o in estate, a metà giornata. In genere vige il principio che la raccolta si fa in fase crescente per il consumo fresco, in calante per la conservazione.

Tutto pronto per la conservazione

Dopo aver coltivato, raccolto, essiccato, giunge il momento di conservare le erbe, operazione da non sottovalutare perché, se male effettuata, potrebbe in breve vanificare il lavoro di un'intera stagione. Quanto alle varie parti interessate, nel caso si tratti di foglie, le più grandi si conserveranno così come sono state essiccate, ovvero insieme al picciolo, mentre le foglie piccole si lasceranno attaccate ai rametti più sottili. Per prelevare invece i semi dalle ombrelle fiorali secche, basterà strofinarle tra le mani o batterle su fogli di carta. I semi, ripuliti da polveri e residui con l'aiuto di un setaccio, si faranno essiccare per un'altra settimana. Volendo controllare la perfetta essiccazione delle piante, basterà introdurne una parte in un vaso di vetro a chiusura ermetica: se dopo qualche giorno non si troveranno sul vaso tracce di umidità, allora significa che l'operazione è stata eseguita correttamente.

QUALI CONTENITORI

I contenitori più adatti a far sì che le erbe mantengano le loro proprietà sono i barattoli di vetro scuro a chiusura ermetica, i vasi di porcellana o di terracotta sempre chiusi ermeticamente, i sacchetti di tela e di carta, oppure le scatole di cartone o di latta stagnata. Su un'etichetta si riporteranno il nome della pianta – ad esempio foglie di timo – e la data di inizio della conservazione, dopodiché le erbe si riporranno al riparo dalla luce, dall'umidità, dall'aria e dalla polvere.

Un anno e non più

Per ottenere il meglio dalla conservazione, è importante non essiccare una quantità molto elevata di erbe, né attendere troppo prima di consumarle: l'invecchiamento ne riduce notevolmente l'efficacia. Quindi la regola è di non conservarle per più di un anno. Necessario anche controllare lo stato di mantenimento ed eliminare le parti deteriorate, nel caso in cui si noti la presenza di insetti, umidità e muffe. Ci sono poi delle piante officinali che possono essere surgelate, soprattutto quelle che si usano in cucina come prezzemolo, basilico, dragoncello. Dopo averle pulite con uno straccio umido, si formeranno dei piccoli mazzi da custodire negli appositi sacchetti da freezer. Non superare mai i 6 mesi di conservazione e utilizzarle, dopo averle sbriciolate, senza scongelarle. Un sistema alternativo è quello di congelare le erbe in cubetti di ghiaccio, da riporre poi in sacchetti di plastica debitamente etichettati.

Per una piccola farmacia naturale in casa

Pur se resistenti a malattie e parassiti, può accadere che condizioni colturali non ideali indeboliscano le erbe officinali. Nel qual caso, il consiglio è di ricorrere a concimi naturali che si possono anche preparare in casa: erbe come l'aglio, il sambuco e l'assenzio hanno proprietà insetticide e il loro decotto può essere usato con successo.

La coltivazione delle piante per usi medicinali e cosmetici ci riconduce alla tradizione medievale dei giardini monastici. Anticamente la distinzione tra i possibili diversi usi delle erbe era meno netta di oggi, ma quelle medicinali, che per millenni hanno costituito per l'uomo l'unica fonte di rimedi e medicamenti, erano tenute in grandissima considerazione. Il progetto qui presentato si ispira appunto a quegli antichi giardini di erbe, formati da aiuole rettangolari separate da stretti percorsi, spesso rialzate con bordure di mattoni o tavole di legno, per facilitare la raccolta e favorire il drenaggio del terreno.

Quanto alla scelta del luogo, sarà importante individuare una posizione che assicuri almeno 5-6 ore di sole al giorno, mentre la protezione di un muro o di una siepe garantiranno alla coltivazione una perfetta riuscita.

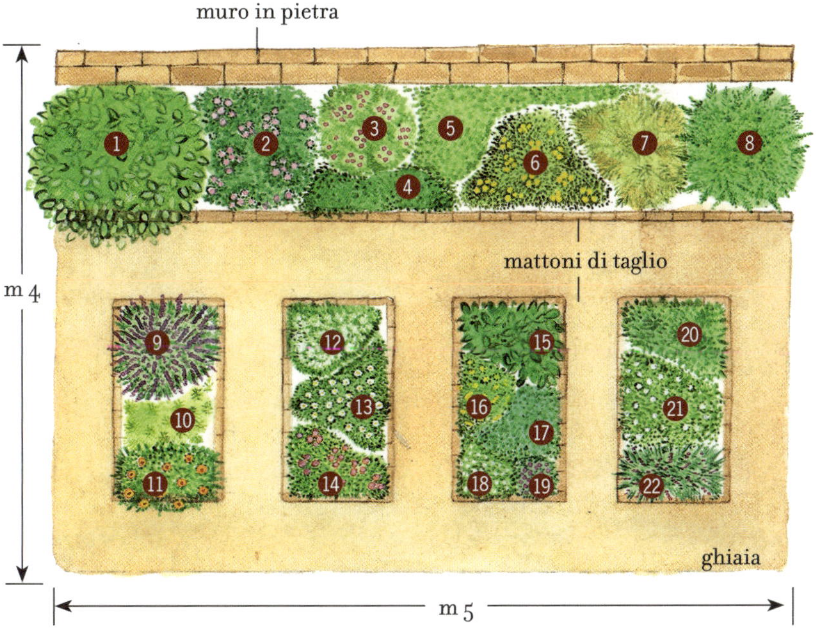

Piante utilizzate

1. Alloro *(Laurus nobilis)*
2. Rosa canina *(Rosa canina)*
3. Altea *(Althaea officinalis)*
4. Marrubio *(Marrubium vulgare)*
5. Erba cedrina *(Aloysia triphylla)*
6. Enotera *(Oenothera biennis)*
7. Finocchio *(Foeniculum vulgare bronzeum)*
8. Rosmarino *(Rosmarinus officinalis)*
9. Lavanda *(Lavandula angustifolia)*
10. Aglio *(Allium sativum)*
11. Calendula *(Calendula officinalis)*
12. Achillea *(Achillea millefolium)*
13. Erba di San Pietro *(Balsamita major)*
14. Malva *(Malva sylvestris)*
15. Melissa *(Melissa officinalis)*
16. Aneto *(Anethum graveolens)*
17. Ruta *(Ruta graveolens)*
18. Timo *(Thymus vulgaris)*
19. Serpillo *(Thymus serpyllum "Coccineus")*
20. Salvia *(Salvia officinalis)*
21. Camomilla *(Matricaria chamomilla)*
22. Menta *(Mentha spicata)*

Un po' di storia

■ *Originaria del Nord America, l'***enotera** *è una pianta dalle numerose proprietà medicinali, ha usi culinari e cosmetici, ed è anche molto decorativa, grazie ai suoi profumati fiori giallo vivo.*

■ *I Romani utilizzavano la* **lavanda** *per profumare l'acqua del bagno. Nel Medioevo, la pianta veniva sparsa sui pavimenti delle case e bruciata anche per le strade, per allontanare gli insetti e mascherare i cattivi odori.*

■ *I Romani apprezzavano molto le proprietà curative dell'***altea***, e ne facevano largo uso anche in cucina.*

■ *Conosciuto già dagli Egizi per le sue proprietà curative, l'***aneto***, durante il Medioevo, veniva considerato un protettivo contro la stregoneria.*

Una tisana a portata di mano

Per quanto riguarda le varietà di menta, ricordiamo che essendo questa pianta molto invadente, è bene controllarne attentamente lo sviluppo: ad esempio, interrandola in un capiente vaso di plastica con il fondo tagliato, se ne conterrà la naturale esuberanza. La *Mentha x gracilis* è meno vigorosa ed è quindi adatta alla coltivazione in spazi ristretti.

Se amiamo concludere la giornata con una tisana rilassante e profumata, perché non provare a coltivare da soli le erbe necessarie? Si potrà così godere della loro bellezza come della fragranza di fiori, foglie e frutti che generosamente ci regaleranno. Avremo la possibilità di preparare tisane con un solo tipo di erba, di sperimentare accostamenti insoliti, o ancora di miscelare l'aroma preferito con foglie di tè, per una bevanda stimolante. Per creare questo piccolo giardino, sarà necessario un rettangolo di terreno di circa 15 mq, con esposizione soleggiata. Nel progetto, le piante scelte verranno disposte lungo

la bordura che delimita il piccolo prato: una pianta di limoni e alcuni pelargoni coltivati in vaso aggiungeranno colore e profumo alla composizione. Inoltre, un angolo attrezzato con tavolo e poltroncine sarà un invito irresistibile a una gradevole pausa profumata.

Piante utilizzate

1. Melissa *(Melissa officinalis)*
2. Camomilla *(Matricaria recutita)*
3. Lavanda *(Lavandula angustifolia "Hidcote")*
4. Finocchio *(Foeniculum vulgare)*
5. Salvia *(Salvia officinalis)*
6. Menta piperita *(Mentha x piperita)*
7. Erba cedrina *(Aloysia triphylla)*
8. Lavanda *(Lavandula spica)*
9. Camomilla romana *(Anthemis nobilis)*
10. Rosa *(Rosa rugosa)*
11. Salvia purpurea *(Salvia officinalis "Purpurascens")*
12. Erba gatta *(Nepeta cataria)*
13. Menta *(Mentha spicata)*
14. Geranio a foglia profumata *(Pelargonium "Attar of rose")*
15. Geranio a foglia profumata *(Pelargonium "Lemon fancy")*
16. Limone *(Citrus x limon)*

Direttore Editoriale *Feliciano Campi*
Coordinamento Editoriale *Luca Baldini*
Coordinamento Redazionale *Maria Pia Fanciulli*
Testi *Redazione Barbanera/Editoriale Campi*
Coordinamento Tecnico *Fabio Silveri*
Progetto Grafico *Roberta Pinti*
Illustrazioni *Marcella Baraldi, Gianni Mazzolini,*
Elaborazione Immagini *Claudio Mariotti*
Immagini antiche dall'*Archivio della Fondazione Barbanera 1762*

Si ringrazia *Duccio Demetrio*

Stampa *Tecnostampa* - Loreto

ISBN 9788879320450

Via San Giuseppe, 1 - 06038 Spello (Pg)
Tel. 0742 391177
info@barbanera.it www.barbanera.it

Stampato in Italia
Finito di stampare nel mese di aprile 2015

BARBANERA RISPETTA L'AMBIENTE

Questa edizione è stampata su carta riciclabile, priva di cloro e prodotta con cellulosa proveniente da boschi gestiti nel rispetto della sostenibilità e dell'impatto ambientale.

FORESTE SOSTENIBILI
RICICLABILE
PRIVO DI CLORO ECF ELEMENTARE